La loi de l'offre et du besoin

Décrocher de la demande

Collection « L'esprit économique »

fondée par Sophie Boutillier et Dimitri Uzunidis en 1996
dirigée par Sophie Boutillier, Blandine Laperche, Dimitri Uzunidis

Si l'apparence des choses se confondait avec leur réalité, toute réflexion, toute Science, toute recherche serait superflue. La collection « L'esprit économique » soulève le débat, textes et images à l'appui, sur la face cachée économique des faits sociaux : rapports de pouvoir, de production et d'échange, innovations organisationnelles, technologiques et financières, espaces globaux et microéconomiques de valorisation et de profit, pensées critiques et novatrices sur le monde en mouvement...
Ces ouvrages s'adressent aux étudiants, aux enseignants, aux chercheurs en sciences économiques, politiques, sociales, juridiques et de gestion, ainsi qu'aux experts d'entreprise et d'administration des institutions.

La collection est divisée en six séries :

Dans la série *Economie et Innovation* sont publiés des ouvrages d'économie industrielle, financière et du travail et de sociologie économique qui mettent l'accent sur les transformations économiques et sociales suite à l'introduction de nouvelles techniques et méthodes de production. L'innovation se confond avec la nouveauté marchande et touche le cœur même des rapports sociaux et de leurs représentations institutionnelles.

La série *Economie formelle* a pour objectif de promouvoir l'analyse des faits économiques contemporains en s'appuyant sur les approches critiques de l'économie telle qu'elle est enseignée et normalisée mondialement. Elle comprend des livres qui s'interrogent sur les choix des acteurs économiques dans une perspective macroéconomique, historique et prospective.

Dans la série *Le Monde en Question* sont publiés des ouvrages d'économie politique traitant des problèmes internationaux. Les économies nationales, le développement, les espaces élargis, ainsi que l'étude des ressorts fondamentaux de l'économie mondiale sont les sujets de prédilection dans le choix des publications.

La série *Krisis* a été créée pour faciliter la lecture historique des problèmes économiques et sociaux d'aujourd'hui liés aux métamorphoses de l'organisation industrielle et du travail. Elle comprend la réédition d'ouvrages anciens, de compilations de textes autour des mêmes questions et des ouvrages d'histoire de la pensée et des faits économiques.

La série *Clichés* a été créée pour fixer les impressions du monde économique. Les ouvrages contiennent photos et texte pour faire ressortir les caractéristiques d'une situation donnée. Le premier thème directeur est : mémoire et actualité du travail et de l'industrie ; le second : histoire et impacts économiques et sociaux des innovations.

La série *Cours Principaux* comprend des ouvrages simples, fondamentaux et/ou spécialisés qui s'adressent aux étudiants en licence et en master en économie, sociologie, droit, et gestion. Son principe de base est l'application du vieil adage chinois : « le plus long voyage commence par le premier pas ».

Jean-Michel Ruffié

La loi de l'offre et du besoin

Décrocher de la demande

L'Harmattan

5-7, rue de l'École-Polytechnique, 75005 Paris

http://www.editions-harmattan.fr

ISBN : 978-2-336-53898-3
EAN : 9782336538983

Le magasin de bonbons

Tous les adultes qui sont déjà entrés dans un magasin de bonbons avec un enfant le savent.

À peine entré dans la boutique, l'enfant écarquille les yeux.

Son cerveau est submergé d'informations séduisantes et agréables et il commence l'inventaire des possibles, des souhaitables et des indispensables dans l'offre pléthorique qui l'entoure.

Comment répondre à un tel afflux de stimuli ?

Par une demande.

Auprès de l'adulte.

Qui répond à la demande, ou pas.

À ce stade, et quelle que soit la réponse de l'adulte, il est fort probable que l'enfant ne s'arrête pas en si bon chemin et qu'il effectue une nouvelle demande,

Puis une autre.

Puis beaucoup d'autres, enrichies de « s'il te plait » auxquels vont succéder des « je veux » puis des pleurs et des grincements de dents ponctués de « c'est trop bon », « je l'ai vu sur Internet ou à la télévision » ou « les parents de mes amis leur en achètent tout le temps ».

Jusqu'à ce qu'en désespoir de cause et devant les refus plus ou moins diplomates mais néanmoins répétés de l'adulte, les yeux pleins de larmes, l'enfant finisse par tenter son va-tout : « Mais, j'ai faim ! [...] »

À ce moment précis, sa demande se transforme en besoin.

S'il n'a pas son content de bonbons, il va avoir faim et s'il ne se nourrit pas, sa santé et peut-être sa vie seront en jeu.

Ou, plus exactement, ses demandes se déguisent en besoin.

Mais faut-il que toutes ses demandes soient satisfaites ?

En a-t-il besoin ?

Vraiment besoin ?

Est-il raisonnable ?

L'adulte manque-t-il de bienveillance s'il ne répond pas à toutes les demandes de l'enfant ?

La demande

Dans le modèle économique capitaliste soumis à la « loi[1] » de l'offre et de la demande, le problème c'est la demande.

Parce que l'offre est manipulée en fonction de la demande mais la demande, elle, est manipulable pour créer de l'offre.

Manipulable ?

Certes, il faut que le système, quel qu'il soit, soit capable de fournir des objets et des services en fonction de la demande, mais il est légitime de se demander d'où provient cette demande, quelle est son utilité et quels ressorts la motivent ?

Se demander si elle est sincère et nécessaire et, surtout, si elle correspond à nos besoins véritables et à ceux de la planète Terre.

Se demander avant de demander en somme.

---

[1] « Loi : Un commandement et une défense qui s'adressent au nom d'une autorité quelconque à la volonté d'un être libre ». Dictionnaire encyclopédique de B. Dupiney de Vorepierre, Paris, 1884.
« Les lois sont les rapports nécessaires qui dérivent de la nature des choses ». *De l'esprit des lois*. Montesquieu.

Les besoins

Le système économique mondial est fait de telle sorte qu'il lui faut répondre à la demande comme si cette réponse coulait de source et était en quelque sorte obligatoire. En matière de commerce, produire un bien que les gens souhaitent acheter coule effectivement de source, mais avant de répondre à la demande, il serait pourtant légitime de s'interroger sur les besoins de ces mêmes gens.

Raisonner en termes de besoins avant de vouloir répondre à des demandes qui sont par ailleurs manipulables.

Comme il est illusoire de penser que le système fera cette démarche à notre place, nous demeurons seuls maîtres à bord en cette matière.

En avons-nous vraiment besoin ?

C'est la question que le système économique dominant nous pousse à ne jamais nous poser.

À cette réalité qu'il existe des besoins essentiels à satisfaire pour vivre et pour vivre en bonne santé, se substitue la notion de besoin de consommer sous la pression extérieure.

Trop, ou mal consommer s'appelait hier, jeter l'argent par les fenêtres. Aujourd'hui, cela correspond trop souvent à céder à la pression du marketing ou à l'influence du milieu social.

Dans le cadre de la consommation, et avant de consommer, les deux questions importantes à se poser seraient :

En ai-je besoin ? et, En ai-je vraiment besoin ?

Puis :

Est-ce utile ?

Est-ce raisonnable ?

Est-ce bon pour moi, pour ma santé et celle de mon entourage et de ma famille ?

Est-ce bon pour la planète ?

La publicité et le marketing

La dépense mondiale en matière de marketing et de publicité était d'environ 700 milliards de dollars en 2021[2], ce qui correspond grosso modo au tiers des dépenses militaires mondiales.

Au tiers des dépenses militaires mondiales, ce qui n'est pas rien.

Des évaluations récentes indiquent que ces dépenses pourraient augmenter de 50 % d'ici à 2026 pour s'établir aux alentours de 1 000 milliards de dollars[3].

Avec de tels moyens, les professionnels du marketing disposent des financements nécessaires pour bien faire leur travail.

Et effectivement, le travail est bien fait.

« La publicité est la ruse qui permet au rêve de s'imposer à l'industrie »[4], disait déjà le philosophe, lorsque le marketing a été inventé au XIXe siècle.

Parce que le marketing et la publicité savent comment nous influencer au-delà de nos besoins.

Chaque jour, nous sommes soumis à des centaines de messages publicitaires. Si l'on ajoute les marques que nous rencontrons dans notre vie quotidienne, imprimées ou brodées sur les vêtements de nos connaissances ou des gens que nous croisons dans la rue, ce chiffre peut monter à plusieurs milliers.

Avec huit à douze minutes par heure de publicité à la télévision ou à la radio, des annonces constantes sur les

---

[2] *CB News*, 12 décembre 2021.

[3] *Les Échos*, 17 juin 2021.

[4] Walter Benjamin.

réseaux sociaux, dans la rue, dans les points de vente, en audio dans la voiture et chez soi ou en faisant nos courses dans les magasins, nous sommes sollicités en permanence par la publicité – ou par la réclame comme nous disions lorsque nous étions un peu plus méfiants.

À ce niveau de sollicitation, ce que nous achetons, donc, au final ce que nous demandons, est-il vraiment le reflet de ce que nous voulons pour combler nos besoins, ou est-ce le reflet de ce que l'on a voulu que l'on choisisse ? De ce que l'on nous a appris à vouloir[5] ?

Et surtout avons-nous besoin de tout ce que nous achetons ?

En avons-nous vraiment besoin ?

De ce point de vue, la publicité sert trop souvent à provoquer en nous du désir et à créer un manque, que nous finirons par combler, espère-t-elle, de n'importe quelle façon, à la manière de l'enfant dans son magasin de bonbons.

Dans le petit commerce traditionnel, pour faire prospérer sa boutique, il fallait connaître ses clients. Madame et Monsieur Dupont aimaient les carottes, et, dès que l'on avait des carottes, il ne fallait pas oublier d'en proposer à Madame ou Monsieur Dupont qui en achèteraient à coup sûr et peut-être uniquement parce que l'on avait pensé à eux, et cela, même s'ils avaient des carottes dans leur jardin. En vérité, ils n'avaient pas besoin de carottes, s'ils en avaient dans leur jardin, mais en acceptant d'en acheter, ils créaient et renforçaient le lien social avec leur commerçant, tenaient

[5] « J'éprouve un immense plaisir d'échapper à la stupide juridiction de la masse qui ne sait jamais ni ce qu'elle veut ni ce qu'on lui fait vouloir, qui prend le moyen pour le résultat, qui, tour à tour, adore et maudit, élève et détruit [...] Si l'on peut être fier de quelque chose, n'est-ce pas d'un pouvoir acquis par soi-même, dont nous sommes à la fois la cause, l'effet, le principe et le résultat ? ». *La fille aux yeux d'or* – Honoré de Balzac.

compte du qu'en-dira-t-on, poussés par des considérations, et des sentiments sans lien aucun avec leur besoin.

Le marketing et ses penseurs ont bien compris le concept et, en lui retirant la facette humaine et conviviale du processus, ils l'ont poussé de façon à améliorer pas à pas le mécanisme de ciblage de chaque consommateur à un niveau de granularité de plus en plus fin. Et ils disposent aujourd'hui des moyens et des financements nécessaires pour le bien faire.

Que se passe-t-il ?

À l'instar de notre petit commerce traditionnel, les géants de la distribution nous connaissent, ou plus exactement, ces grandes sociétés paient des gens pour nous connaitre, dans un monde où nous sommes de plus en plus prévisibles et transparents.

Il y a bien longtemps que les métadonnées connexes à notre consommation numérique sont plus importantes en volume transmis que la majorité des données elles-mêmes. Cela signifie que les informations relatives à une donnée sont plus importantes en volume que la donnée elle-même. Si nous demandons à un quelconque site ou à un moteur de recherche, la date de naissance de Léonard de Vinci, le site ou le moteur vont nous répondre, 1452, ce qui est exact, mais la réponse sera accompagnée de métadonnées, que nous ne voyons pas ou difficilement et qui comportent une foule d'informations sur nous, sur notre position géographique, l'heure de la demande, l'heure de la réponse, le chemin parcouru dans les deux sens, l'adresse de notre ordinateur et bien d'autres choses encore. Ces métadonnées sont utilisées par le site ou le moteur qui nous a répondu pour sa propre information, information qu'il va ensuite utiliser pour lui-même et monnayer auprès de quantité d'autres gestionnaires de bases de données.

Inutile de nous étonner si nous recevons ultérieurement à notre demande des sommes incalculables de propositions (visites de châteaux, livres, vins, colifichets en plastique, voyages en France et Italie) au sujet de ce pauvre Léonard qui n'avait rien demandé.

La compilation de toutes ces données sur nous, nous, oui, nous, êtres uniques, pluriel d'excellence, permet aux professionnels du marketing de nous inscrire, dans une fenêtre d'affinités ou d'intérêts avec des limites qui évoluent, certes, mais qui sont extrêmement précises.

C'est aussi le sens de ces multiples recommandations qui s'apparentent à une forme de pression sociale pour nous inciter à effectuer une demande de plus : « ceux qui ont acheté ceci ont aussi acheté cela » ; « si vous avez écouté cela, vous devriez écouter ceci ».

Ces recommandations nous font flâner sur le même site de loin en loin en nous empêchant de passer à autre chose, et d'être un peu plus curieux pour élargir ou diversifier notre fenêtre d'affinités ou d'intérêts et en tout cas pour ne pas aller chercher ailleurs.

En attendant, la collecte d'informations sur notre comportement individuel s'enrichit de nouvelles données qui pourront être stockées et revendues à bon prix.

Cela fonctionne un peu comme une fenêtre d'Overton[6] non pas fléchée sur la chose politique mais sur le commerce, dans lequel la fenêtre est individuelle, où elle peut bouger et où l'acceptabilité, notre acceptabilité de choses nouvelles, peut changer sous la pression d'un choix pléthorique – choix pléthorique qui rend désirable et acceptable un nouvel achat – et sous réserve impérative que le marketing soit au courant de ces changements.

D'ailleurs, le marketing sera forcément au courant de ces changements.

---

[6] Inventée par le lobbyiste américain Joseph P. Overton (1960-2003), la fenêtre qui prend son nom regroupe l'ensemble des propositions politiques jugées acceptables à un instant *t*. Mais sa particularité, pensent Overton et ses camarades lobbyistes, c'est qu'elle fluctue et s'ajuste continuellement ; il serait possible, alors, de forcer son agrandissement pour y faire entrer des idées jugées hier inacceptables.

Il y a tellement de manières de collecter les informations utiles et nécessaires tant, en surfant sur le Net, nous laissant de traces récupérables.

Florilège :

Données d'interaction : email, chats, flux de clics Web, conversations personnelles, appel vers les centres d'appels, consentements, cookies.

Données de transaction : commandes, historique de paiement, transactions, historique des transactions, historique d'utilisation, historique des étapes d'achats, recherches sur le Web, « like » sur les réseaux sociaux, achats sur les sites marchands, météo, signaux GPS et, plus restreint parce que limité aux entreprises qui les pilotent, les achats avec nos cartes de crédit, les requêtes sur les divers Wikis ou les achats auprès de grandes enseignes de commerce.

On ajoute à tout cela les données démographiques (attributs, caractéristiques) et les données comportementales (désirs, préférences, besoins, opinions) que l'on connait sur nous.

La plupart de ces données sont collectées, versées dans le big data[7] : il s'agit de grandes bases qui stockent un nombre très important de données dont celles qui nous concernent. Elles les ordonnancent, les analysent et les croisent pour obtenir un (notre) profilage, exploitable (entre autres) par le marketing.

Puis, dans la limite du secret professionnel – que chaque acteur commercial garde en partie pour lui dans le but de se garantir un confortable avantage concurrentiel – tout ceci est revendu une quantité de fois de façon que tout un chacun

---

[7] Le terme « big data » désigne les données qui sont si volumineuses, rapides ou complexes qu'il est difficile, voire impossible de les traiter à l'aide des méthodes traditionnelles. Il est possible d'analyser les données contenues dans le big data à l'aide d'outils informatiques sophistiqués pour en tirer des enseignements permettant de prendre de meilleures décisions et de lancer des initiatives stratégiques.

voulant faire émerger en nous un besoin, puisse déterminer le profil idéal du produit que nous ne pourrons pas refuser.

Une fois le profilage effectué, la fenêtre ayant des limites précises, le marketing peut pilonner la cible (nous donc – pluriel d'excellence) jusqu'à ce qu'elle (la cible) satisfasse son manque, devenu besoin, en effectuant un achat.

D'où l'importance de nous laisser bien prisonniers dans notre fenêtre et de nous suivre parce qu'à partir du moment où nous en sortons sans que le marketing ne soit au courant du changement, nous sommes moins prédictibles, et si nous sommes moins prédictibles, il devient plus probable pour le marchand de manquer des ventes.

Ce n'est pas tout.

C'est sans compter sur ce qui est présenté dans les bonnes écoles de commerce comme le futur (de plus en plus présent) du marketing : l'achat prédictif individuel ou le marketing prédictif.

Il s'agit cette fois-ci de devancer nos demandes et de prédire nos futurs besoins.

On compare le profil d'un client A ayant acheté un produit X et on cherche dans la base de données (big data) tous les clients qui présentent des similitudes (âge, centre d'intérêt, zone géographique) avec A mais qui n'ont pas acheté le produit X. Comme il est logique de penser que ces personnes devenues clients potentiels pourraient être intéressées par le produit X… on leur propose le produit X.

On exploite les signaux faibles en analysant nos comportements sur le Web (visite d'un blog, visite d'un site marchand, visite de tel site d'information ou lecture de tel article de journal). Ces données sont décortiquées par des algorithmes (dont les outils répondent aux jolis noms de DataSmart, Machine Learning, Predictive Targeting, Scoring…) qui permettent d'établir notre score d'appétence pour tel ou tel produit et en déduire nos intentions d'achat de consommateurs ainsi profilés.

D'autres manières d'exploiter les données, qu'il n'est pas nécessaire de décrire ici, permettent de recruter de futurs clients, d'accompagner les clients existants, et de prolonger le contact si nous avons visité un site, même par hasard.

Toutes ces techniques fonctionnent bien et nous en constatons les effets tous les jours.

Et elles ne vont pas manquer de s'améliorer, comme tous les processus, jusqu'au graal final du marketing qui consisterait à pouvoir nous livrer les produits que nous désirons, ou que l'on nous a fait désirer, avant que nous les ayons commandés. L'écueil de ce processus, auquel certains grands acteurs du commerce électronique pensent très sérieusement, n'est pas technique, mais plutôt législatif, la vente forcée étant interdite.

Tout cela est merveilleux d'un point de vue marketing mais inquiétant du point de vue personnel.

Du point de vue de l'individu et de ses besoins.

Ce qui donne à réfléchir ou, dit autrement, et toutes proportions gardées, ce qui est terrorisant, ce n'est pas que le marketing pourrait arriver à délimiter précisément notre fenêtre d'affinités ou d'intérêts, mais c'est qu'il arrive à façonner, à faire bouger cette fenêtre, réputée (supposée ?) intime, en fonction de ses intérêts.

Si le marketing peut prévoir les achats que nous allons faire, on peut légitimement se demander si ce ne sont pas précisément les vendeurs, avec l'aide du même marketing, qui nous ont si bien formatés pour aimer ceci et pour aimer cela, qu'ils sont en mesure de prévoir ce que nous allons acheter.

Étant formatés, nous sommes moins curieux, nous allons moins chercher ailleurs et moins diversifier, ou élever nos goûts et nos attentes.

Pas facile de s'extraire de la fenêtre, sachant que quand on l'ouvre cette fenêtre, on ne tombe pas sur l'extérieur au grand air comme on pourrait s'y attendre, mais sur un miroir qui est le reflet de ce que nous savons déjà[8].

Ces techniques de ciblage et de vente ont un coût important pour les consommateurs que nous sommes puisqu'elles fonctionnent très bien et qu'en conséquence nous sommes tentés d'acheter au-delà de nos besoins, étant entendu que le coût de cette prospection est inclus dans le prix final du produit.

Tout ceci ne fonctionnerait pas aussi bien si le marketing et la publicité ne pouvaient pas s'appuyer sur une logistique robuste.

Robuste, oui, et allant souvent bien au-delà de nos besoins.

Nous avons vu que les outils dont dispose le marketing pour nous faire désirer un produit sont de plus en plus sophistiqués, mais il est aussi nécessaire au commerce que les aspérités et les obstacles relatifs à l'acte d'achat jusqu'à la livraison finale soient gommés.

Il faut que tout le processus soit pratique et facile.

Si le produit désiré n'est pas cher et, en plus, livré rapidement, alors c'est le combo gagnant.

C'est ici qu'entre en jeu la logistique.

La livraison rapide, extrêmement rapide, est accompagnée de multiples messages qui nous suggèrent que l'on pense à nous, que l'on prend soin de nous : « nous avons bien reçu votre commande » ; « votre commande est en préparation » ; « votre colis est sur le quai » ; « votre colis a été remis au transporteur » ; « votre colis est en route » ; « votre colis n'est pas loin de chez vous », etc.

Hormis le fait qu'en l'occurrence, c'est une simple machine qui prend soin de nous, il faut dire que la livraison rapide est un élément important pour lisser et déclencher l'acte d'achat.

Mais avons-nous besoin de déclencher l'acte d'achat si rapidement ?

---

8 « Nous regardons dans un miroir plutôt qu'à la fenêtre et nous ne percevons que notre propre reflet » – Eleonora Fiorioni, *La comunicazione a rete globale*, Milano, Lupetti, 1998.

Avons-nous vraiment et toujours besoin de recevoir notre commande sans délai ?

La vérité c'est que dans une quantité importante de cas, nous pourrions nous contenter d'un délai plus long et d'un acheminement plus doux et sans pression.

En tout cas, cette politique de la minute, du dernier kilomètre et de la sur-communication a un coût important – insupportable ? – pour la planète, en termes de nombre de messages transmis, de nombre de colis individuels, d'emballages et de transport.

Autre exemple.

En 2005, Amazon a lancé le programme Prime.

Un des tout premiers avantages du programme consistait à faire bénéficier les souscripteurs du port gratuit et rapide toute l'année pour toutes leurs commandes, le programme étant payant mais pour une somme relativement modique.

Ce coup marketing a eu l'effet immédiat de mettre subrepticement dans la tête de plusieurs millions de personnes (une centaine de millions de souscripteurs peu après le lancement du programme) que plus ils achetaient, plus ils rentabilisaient leur abonnement Prime.

Nous avons sûrement déjà entendu quelqu'un dire au moment d'effectuer un achat sur Amazon : « vas-y, prends-le, on ne paie pas le port » ou « Avec ce que je leur ai fait me livrer depuis que je suis sur Prime, j'ai beaucoup gagné sur mon abonnement »…

« Plus j'achète moins ça me coûte » en somme.

Eh bien non.

Plus j'achète plus ça me coûte et plus j'achète plus ça rapporte à mon fournisseur.

Autre exemple, plus récemment avec Uber Eats.

La livraison à 5,99 € par mois, quel que soit mon nombre de commandes sur la période : « plus je commande moins ça me coûte ».

Eh bien non.

Plus je commande plus ça me coûte encore une fois, et les sociétés qui proposent ces abonnements sont, jusqu'à présent, loin d'être en faillite, ce qui indique que les frais de livraison sont bien payés, en l'occurrence inclus dans les commandes toujours plus nombreuses de clients à qui on donne l'impression de ne pas les payer pour… qu'ils commandent au-delà de leurs besoins.

Ces techniques sont extrêmement efficaces et si nous n'y prenons pas garde, elles pourraient s'apparenter au mieux à de l'influence au pire à du dressage.

On dit qu'on ne peut pas dresser un éléphant parce que, contraint, il n'est pas dressé mais il se soumet.

Nous ne sommes pas des éléphants mais bien que le système cherche à nous contraindre, nous avons heureusement la liberté et la possibilité de refuser d'être dressés et de nous assujettir aux lois du marketing.

Sans mauvais jeu de mots, nous disposons d'une défense efficace face à ce raz-de-marée de tentations au désir, et celle-ci consiste à tranquillement se poser un peu sur le côté du tourbillon.

De se poser, oui, en se posant deux questions : en ai-je besoin ? En ai-je vraiment besoin ?

Il s'agit de savoir réagir différemment, posément, et surtout pas par impulsion, l'achat d'impulsion étant quelque part, conditionné par l'influence du marketing et de la publicité[9], quoique le système s'emploie activement à nous le faire oublier.

---

[9] Au XIXe siècle déjà, Honoré de Balzac percevait son influence : « L'influence et le pouvoir du journal n'est qu'à son aurore. Le journalisme est dans l'enfance, il grandira. Tout, dans dix ans d'ici, sera soumis à la publicité », *Les illusions perdues*, Collection « la Pléiade », La comédie humaine, Tome V, p. 403.

La grande distribution

Faire de la publicité et développer des outils marketing ne sert à rien s'il n'existe pas de débouchés pour écouler les stocks.

À ce titre, la grande distribution offre elle aussi de nombreux avantages.

Elle est consubstantielle à la publicité et au marketing tant ce dernier avait besoin de l'inventer pour créer des lieux de grande consommation qui offrent des espaces gigantesques pour vendre les produits disponibles.

Grande et moyenne surface (GMS) et Grande surface alimentaire (GSA) dans un premier temps, la grande distribution s'est diversifiée dans d'autres domaines pour inclure des Grandes surfaces de bricolage (GSB) et d'autres pans spécialisés de la consommation de masse (GSS : Grandes surfaces spécialisées)

Ces magasins sont souvent situés dans des zones commerciales avantageusement mises à disposition des enseignes par les communes – pour que ces dites enseignes n'aillent pas s'installer dans la ville d'à côté – en rognant sur les surfaces agricoles ou les surfaces naturelles à la périphérie des villes.

C'est ici que l'on bâtit des « centres commerciaux » sous la forme soit d'un bâtiment ou d'un groupe de bâtiments qui abrite une variété de magasins entourés de parkings, soit d'une « zone commerciale » avec un bâtiment par enseigne et un parking devant chaque magasin.

Ces parkings sont taillés pour ne refuser personne, c'est-à-dire pour une affluence moyenne le week-end ou pour le pic d'affluence du week-end.

Cela signifie qu'en dehors des plages horaires d'affluence et d'ouverture du magasin, soit la majorité du temps, ce parking, bétonné, bitumé, ne sert à rien sur l'essentiel de sa superficie.

Pour la planète non plus, il ne sert à rien puisque, biologiquement, il s'agit d'un désert, d'un désert étanche de surcroit.

À propos de la planète, on peut aussi s'interroger sur la hauteur des bâtiments de ces espaces commerciaux.

Pourquoi sont-ils si hauts ?

Personne n'a besoin de cinq à sept mètres sous plafond pour faire ses courses, ni même, s'agissant du personnel, d'une telle hauteur pour manier de la marchandise sur palette.

En revanche, pour la durée de vie du bâtiment, nuit et jour, vingt-quatre heures sur vingt-quatre, il s'agira d'éclairer, de chauffer ou de climatiser ces grands volumes à grand renfort de consommation d'énergie au grand dam de notre bilan carbone.

Tout cela pour donner au chaland une impression de profusion où « tout » est disponible.

Revenons à notre grande distribution et à ses procédés pour écouler les stocks[10].

En tout premier lieu, la grande distribution est accessible et pratique pour les forces commerciales des fournisseurs.

Il y a relativement peu d'interlocuteurs à convaincre pour générer beaucoup de ventes si tant est que les commerciaux puissent s'accorder avec ces mêmes interlocuteurs sur la chose et sur le prix.

Si, en plus, le vendeur dispose d'une campagne de publicité et de marketing en cours, les relations sont facilitées.

Dans les espaces commerciaux de la grande distribution, le consommateur se trouve cette fois-ci dans le monde réel.

---

[10] « Quand les magasins sont pleins, il y a nécessité de vendre. Pour vendre, il faut allumer le chaland, de là l'enseigne du Moyen Âge et aujourd'hui le prospectus », *La Maison Nucingen*, Honoré de Balzac.

Celui de l'abondance de produits que l'on peut toucher, attraper et mettre dans le chariot.

Il s'agit de les faire venir à soi.

Le supermarché c'est le magasin de bonbons, c'est le temple de la consommation où tout semble accessible et dans lequel, à chaque mètre de linéaire, nous sommes tentés par une foule de choses tout en étant submergés d'informations séduisantes et douces, au milieu d'une offre pléthorique.

Les gens y viennent en foule et disposent de chariots gigantesques qu'ils peuvent remplir de produits nécessaires, certes, mais dans lesquels il reste toujours de la place pour ajouter des produits vantés par la publicité et dont ils ont un besoin relatif ou pas besoin du tout.

Ces espaces commerciaux, appelés surface de vente en libre-service, ont, selon leur catégorie, des dimensions comprises entre 2 500 et 20 000 m² et proposent un assortiment comptant entre 25 000 et 40 000 références réparties environ entre 3 000 à 5 000 références de produits alimentaires, 20 000 à 35 000 références de produits non alimentaires pour les magasins de type Grande surface alimentaire (GSA). Un peu plus des deux tiers du chiffre d'affaires étant réalisé en alimentation générale[11].

Cela signifie que les deux tiers du chiffre d'affaires sont réalisés en alimentation générale avec 12 % des produits et qu'un tiers du chiffre d'affaires est réalisé en non-alimentaires avec 78 % des références.

Qui a besoin de 40 000 références, de 20 000 références ?

En réalité, nous n'avons pas besoin de la majorité des produits présents dans les magasins de la grande distribution.

Idem pour les autres types de magasins, Grandes surfaces spécialisées que ce soit dans le domaine du bricolage, de l'ameublement, du sport ou de la culture.

---

[11] Source : Fédération du commerce et de la distribution. https://www.fcd.fr/le-secteur/le-commerce-et-la-distribution/

Certes, nous ne sommes pas les seuls consommateurs et nous savons que d'autres personnes que nous peuvent avoir besoin des nombreux produits proposés en magasin et qui, pour le moment, ne nous intéressent pas.

Mais à partir du moment où un produit est en stock dans le magasin ou dans les entrepôts de sa centrale d'achat, l'intérêt dudit magasin sera de vendre ce stock.

Il n'est pas difficile d'imaginer que les annonces ou les promotions faites dans le magasin seront dirigées vers ce produit en stock, pour essayer de nous le faire mettre dans le chariot le plus vite possible même si nous n'en avons pas besoin.

L'intérêt supérieur du magasin n'étant pas de nous vendre ce dont nous avons besoin mais de nous vendre son stock.

D'aucuns diront qu'ils ne sont pas sensibles à la publicité et au marketing et que quand ils font leurs courses, ils ont leur liste et que leurs achats correspondent strictement à leur liste d'origine.

Est-ce vrai ?

Est-ce toujours vrai ?

Dans cette situation, savons-nous vraiment nous préserver de l'influence du marketing et de la publicité ?

Que pèse notre petite liste de courses face à la profusion de produits proposés ?

Achetons-nous toujours seulement ce dont nous avons besoin ?

Certainement quelques-uns d'entre nous.

Mais pas tous.

Loin de là.

Pour s'en rendre compte, il suffit de faire un pas de côté et de se déplacer tout au bout de la chaîne, à la fin du parcours dans le magasin et d'observer ce qui se passe du côté des caisses, par curiosité, un jour où nous n'avons rien à acheter.

Regarder les gens, ce qu'il y a dans leur chariot, ce qu'ils posent sur le tapis roulant et écouter le total de la note au moment de payer.

Même les produits choisis, parce que leur prix unitaire est imbattable, finissent par faire une grosse somme lorsqu'ils sont trop nombreux, et si le prix bas est le critère principal pour déclencher l'achat, il y a fort à parier que le chariot sera garni de produits dont ces acheteurs n'ont aucun besoin.

À quel produit essentiel auront-ils dû renoncer pour acheter du superflu ?

À ce propos, comment les magasins de la grande distribution sont-ils organisés ?

Entrer dans une grande surface c'est trouver une majorité de produits dont nous n'avons pas besoin.

Il s'agit des produits qui font l'objet de prix *cassés* et que, nous dit-on, nous serions futés de prendre tout de suite parce que les stocks ne sont pas garantis.

Puis nous déambulons dans une foultitude de rayons où nous sommes soumis à un bombardement de stimuli.

Si nous sommes venus dans une Grande surface alimentaire, pour nous alimenter, il sera rare de trouver les produits alimentaires à l'entrée du magasin.

Nous trouverons plutôt les produits non alimentaires qui représentent, rappelons-le, 78 % des références mais 12 % du chiffre d'affaires.

Il faut que le client passe dans le plus de rayons possible pour maximiser les chances de le tenter et qu'il commence à mettre quelque chose dans son chariot avant d'arriver aux produits dont il a vraiment besoin.

Par ailleurs, tous ces produits sont les produits les plus emballés, les plus polluants, ceux qui créent le plus de déchets, qui génèrent le plus de CO_2 importé et… qui rapportent le plus de marge à l'enseigne.

Imaginons que nous soyons venus dans le magasin pour acheter des tomates en promotion à un prix imbattable au kilo comme nous le dit la publicité. Ces tomates ne seront certainement pas mises bien en évidence à l'entrée du magasin mais elles seront placées bien plus loin, pour que nous ayons à parcourir tous les rayons pour les atteindre, en déambulant dans le magasin.

En scrutant le magasin attentivement pour être sûrs de ne pas manquer les tomates et du coup placés dans un état de concentration maximale, il ne serait pas étonnant que nous soyons attirés par autre chose que ces fameuses tomates et que notre chariot se remplisse machinalement pendant le parcours de produits dont nous n'avons pas besoin.

Et nos tomates à ce prix ridiculement bas que nous sommes venus chercher ?

Peut-on les appeler tomates ? De quoi parle-t-on ?

D'un fruit qui a l'aspect d'une tomate mais qui est dur comme une pomme, qui n'en a ni le goût ni la valeur nutritive mais qui a l'avantage marketing et logistique de résister longtemps au pourrissement.

Des tomates encore attachées sur leur branche, toutes de la même taille et toutes arrivées à maturité en même temps sur la même branche… alors que quiconque a un peu conduit des plants de tomates dans un jardin sait que ce prodige est exceptionnel, voire n'arrive jamais à l'état naturel.

On devrait donner des catégories aux tomates et à tous les légumes comme c'est déjà le cas pour les œufs pour que nous soyons tous bien d'accord sur le profil du produit que nous achetons sous un même nom générique.

Que se passe-t-il ?

Il se passe que derrière tout magasin de la grande distribution, il y a une centrale d'achat et un département logistique.

La mission de la centrale d'achat est de trouver des fournisseurs, de référencer des produits et de les acheter le moins cher possible.

La mission du département logistique est d'organiser l'approvisionnement des différents magasins en fonction de leurs demandes dans les meilleurs délais et sans perte aucune en cours de route.

En conséquence, le département logistique établit un cahier des charges qui décrit la façon dont les produits doivent être conditionnés pour arriver en bon état à bon port et pouvoir être facilement mis en rayon en ayant la taille ad hoc.

Ce cahier des charges est communiqué à la centrale d'achat qui l'impose à ses fournisseurs.

Ça, c'est le plus important pour le fonctionnement de la grande distribution.

On imagine que l'acheteur de la centrale se souciera aussi de la manière dont les produits ont été cultivés ou fabriqués, et de leurs qualités nutritives et gustatives puisqu'il s'agit d'aliments.

À ce stade, ce n'est pas la priorité puisque ce que l'on vend, via le marketing et la publicité, c'est avant tout du prix et ensuite de la quantité.

En ce qui concerne la production vertueuse et les qualités nutritives, gustatives des aliments sont un sujet annexe.

À ce stade, dit-on… le problème c'est qu'il n'y a pas d'autre stade.

La commande est passée au fournisseur et la logistique entre en jeu.

Pour que cette dernière puisse bien faire son travail, il faut que son cahier des charges soit scrupuleusement respecté. Les contrôles sont permanents et on ne compte plus les livraisons refusées sur le quai de déchargement pour manquement aux règles logistiques.

Pour éviter ce désagrément, les produits sont majoritairement conditionnés dans des emballages plastiques à tous les niveaux, depuis la palette, jusqu'au produit unitaire.

C'est ainsi que l'on en arrive à mettre en vente dans l'alimentaire, pour un poids net de 100 grammes de jambon cru en quatre tranches, un produit brut emballé dans une coque rigide en plastique, d'un poids total de cent vingt-cinq grammes.

Pour emballer 100 grammes de jambon, on utilise 25 grammes de plastique d'emballage soit 20 % du poids du produit vendu ou, vu autrement, 25 % du poids net du produit consommable.

À l'échelle de quatre tranches de jambon, ce n'est rien, mais s'agissant de l'ensemble de la grande distribution c'est gigantesque.

Et pourquoi en est-on arrivé là ?

Pour deux raisons pratiques et commerciales : la logistique et le marketing.

Avec l'emballage plastique, très peu couteux, on ne risque aucune perte, ou si peu, et la surface de l'emballage est une belle plaquette de promotion.

La seule du reste, puisqu'on ne peut que difficilement voir le vrai produit, celui que l'on achète et que l'on va consommer, limités que nous sommes, pour motiver notre décision d'achat, à la représentation graphique flatteuse en couverture d'un produit réputé similaire à celui qui se trouve dans l'emballage.

C'est ainsi que l'on nous allèche avec de belles photos de produits cuisinés présentés dans des environnements bucoliques et apaisants sur la face visible de l'emballage, produits cuisinés qui se révèlent souvent ultra-transformés lorsque l'on réussit à lire les petits caractères qui listent les ingrédients qui les composent.

On serait curieux de connaître le rapport effectif entre le poids net de la marchandise utilisable, consommable, et le poids brut de cette même marchandise en incluant tout ce qui concerne l'emballage et la mise en valeur des produits dans un magasin de la grande distribution.

Cette donnée n'est pas publique, bien évidemment, et il est difficile de trouver des informations fiables à de sujet.

Une vaste enquête européenne menée par la fondation Changing Markets et 20 organisations non gouvernementales a tout de même été publiée en 2022[12].

---

[12] https://noplasticinmysea.org/wp-content/uploads/2022/05/Accros-a-lemballage-Resume-executif-.pdf

Elles ont analysé « l'empreinte plastique » de 74 grandes enseignes, dont neuf en France.

La synthèse de l'étude se termine par ces mots :

« La grande distribution européenne est un acteur très important, pourtant rarement pointé du doigt, en matière de pollution plastique. Avec un chiffre d'affaires de 2 400 milliards d'euros, ce secteur a les moyens d'agir, et les sondages d'opinion montrent régulièrement que les citoyens sont convaincus que la grande distribution a une responsabilité majeure dans la lutte contre la pollution plastique. Cependant, notre analyse du rôle joué par ce secteur dans la lutte contre la pollution plastique (une première car ce type d'étude n'avait jamais été réalisé) présente des résultats décevants. Elle révèle que les communications de certains des plus grands groupes en Europe manquent de sincérité. Ainsi, en coulisses, ils tentent de retarder l'action et de détourner l'attention des consommateurs et des décideurs politiques de leur responsabilité dans la crise actuelle du plastique.

Plutôt que de mettre en œuvre des changements systémiques et de soutenir les lois nécessaires pour résoudre le problème, la grande distribution a concentré ses efforts sur des engagements volontaires. […] Ils se concentrent donc sur la recyclabilité comme principale stratégie pour faire face à la crise du plastique, au lieu de prioriser la prévention des déchets et le réemploi, conformément à la hiérarchie des modes de traitement des déchets. Seules quelques entreprises font de sérieux efforts pour réduire les emballages en plastique et autres emballages à usage unique et s'orientent vers des modèles commerciaux plus respectueux de l'environnement qui mettent en avant des systèmes de réemploi ».

Commentant cette étude le journal *Ouest France* dans son édition du 8 juin 2022 conclut par ces mots :

« Parmi les neuf entreprises de grande distribution analysées par la fondation Changing Markets et les vingt ONG, l'enseigne Leclerc est celle qui s'engage le moins dans la lutte contre la pollution plastique. D'après l'étude, elle est la seule, en France à n'avoir reçu aucun point. En Europe, treize autres enseignes analysées ne récoltent pas de points, et ne semblent donc pas se soucier de la problématique des emballages plastiques. »

Le plus gros distributeur sur le marché des grandes surfaces françaises, est donc aussi le moins actif en ce qui concerne la réduction de sa consommation de plastique.

Il préfère nous indiquer, à grand renfort de publicité, qu'il va renoncer à éditer ses catalogues papier pour des raisons de préservation de la planète.

La raison de ce renoncement est certainement davantage le résultat d'une étude marketing qui indiquerait que l'impact d'un catalogue papier n'est plus ce qu'il était et qu'il serait prudent d'envisager de l'abandonner.

Pourtant, un catalogue papier, certes, consomme des ressources naturelles jusqu'à son arrivée chez le client, mais ensuite il ne coûte plus rien à la planète.

Il peut même lui rendre un petit quelque chose en étant recyclé puisque le papier, à la différence du plastique, est recyclable à 100 % et sans dégager de microparticules, lui, sous réserve que l'on ait utilisé les encres adéquates.

À propos du recyclage des plastiques, une confusion est induite dans l'esprit du grand public par l'emploi du terme « recyclable » largement repris en grosses lettres sur les emballages des produits ou sur les publicités. En utilisant cette formule, on pose l'idée dans l'esprit du consommateur que le plastique en question sera recyclé et que le fait qu'il soit en plastique n'aura pas de coût pour l'environnement.

La vérité est que tous les plastiques ne sont pas facilement recyclables, loin de là, et surtout que tous les plastiques ne sont pas recyclés.

Dans un rapport récent[13], l'organisation Plasticseurop, qui est le lobby européen des producteurs de matières plastiques, relève ce point :

« L'ensemble des plastiques circulaires (recyclé post et pré-consommation + biosourcé + capture de carbone) a représenté 19,2 % des matières plastiques utilisées en Europe (et 19,7 % de la production) en 2022. »

Ce qui signifie que 80,8 % des plastiques utilisés en Europe ne sont pas recyclés et qu'ils se retrouvent soit en décharge, soit en incinérateur, soit à la mer.

Encore une fois, la meilleure manière de lutter contre la pollution plastique est de ne pas en produire et de trouver ou de retrouver des substituts à son utilisation.

La grande distribution doit s'interroger plus profondément sur la dette qu'elle a contractée envers la planète et, compte tenu des immenses profits qu'elle a faits sur son dos, sur la façon dont elle compte la lui rembourser.

La nature a mis à sa disposition, jusqu'à présent gratuitement, des quantités industrielles d'un plastique utilisé comme produit périssable alors qu'il est indestructible, des hectares de terre agricole artificialisée pour bâtir des magasins, des entrepôts et autres Drive tous munis de déserts bitumés et étanches à usage de parking.

Elle importe des milliers de containers et le CO_2 qui va avec, pour nous vendre des produits dont, trop souvent, nous n'avons pas besoin.

Comment rembourser cette dette envers la nature pour tous ces services qui n'ont jamais été payés, et quels sont les plans pour ce faire ?

Existent-ils ?

---

13 https://plasticseurope.org/fr/2024/03/19/les-chiffres-que-publie-plastics-europe-montrent-que-leconomie-circulaire-des-plastiques-enregistre-des-progres-notables-en-europe-et-en-france-malgre-un-contexte-economique-morose-et-des-fr/

Il semblerait que non et que les actions entreprises pour verdir le secteur aient davantage un but marketing avec effet d'annonce plutôt qu'une réelle prise de conscience à la mesure des enjeux planétaires.

Revenons à nos tomates en promotion à un prix ridiculement bas et à la centrale d'achat.

Quand un producteur vient voir la centrale d'achat avec ses tomates, les questions essentielles sont le prix et la quantité, nous l'avons dit.

S'engage donc une négociation sur ces deux éléments.

Si la grande surface est capable de proposer à nous, consommateurs, un prix ridiculement bas, il va sans dire qu'elle va proposer au producteur un prix d'achat ridiculement petit.

Compte tenu de la puissance d'achat de la centrale, la marge de négociation du producteur sera donc ridiculement petite. L'acheteur acceptera une petite hausse du prix d'achat, histoire de conclure l'affaire.

Dans le jargon des acheteurs, ça s'appelle « donner un caramel ».

Avec dans les poches sa commande et son prix ridiculement petit, il ne va pas falloir demander au producteur de faire des efforts sur le goût et la valeur nutritive.

D'ailleurs, on n'en a pas parlé au moment de la négociation.

Alors il va livrer ce que l'on peut produire pour ce prix.

Au moyen des serres chauffées au gaz ou au pétrole, de graines hybrides ultra-productives et de pieds greffés.

Ou bien au moyen de cultures hors-sol dans de grands bâtiments avec lumière bleue et ajout de nutriments dans lesquels on ne donne à la plante que ce dont « elle a besoin » pour pousser.

Qui peut dire ce qu'une plante puise réellement dans le sol et ce dont elle a vraiment besoin pour avoir du goût et être pleine des éléments nutritifs qui nous sont nécessaires ?

En l'état actuel de nos connaissances, le savons-nous ?

Donner à la plante « tout ce dont elle a besoin » pour croître et rester en vie correspondrait pour un humain à ne lui donner que du concentré d'aliments sous forme de pilules ou de crème en lui apportant exactement ce que l'on pense qu'il est nécessaire et suffisant de lui fournir pour combler ses besoins en vitamines, sels minéraux ou autres éléments.

Avec quel résultat ?

Que sait-on de la capacité des plantes à absorber elles-mêmes les nutriments dont elles ont besoin, à synthétiser de nouvelles substances qui pourraient leur être bénéfiques en utilisant des éléments nouveaux contenus dans une terre riche en vie et en oligoéléments ?

Dans un système qui vend du prix et du kilo, qui sera suffisamment motivé pour s'en soucier et étudier sérieusement la question ?

En attendant, ces moyens de production industriels vont donner des fruits figés, tous de la même taille, tous mûrs en même temps sur la même branche et quasiment imputrescibles.

Mais sans saveur, et sans grande valeur nutritive.

À tel point que pour une immense partie des gens, une tomate c'est ça. Ils ne savent plus ce qu'est une bonne tomate, et quand on leur en fait goûter une fondante et avec du goût, ils pensent avoir affaire à un autre fruit qui ressemble à une tomate mais qui n'en est pas une.

Bienvenue dans le monde à l'envers.

Il en va malheureusement ainsi pour tous les produits.

À force de tirer sur les prix d'achat, soit on vend de la très mauvaise qualité, soit on importe massivement, et dans les deux cas, c'est la planète, les salariés et le consommateur qui en paient le prix.

La mauvaise qualité est produite via des processus industriels qui ne se préoccupent pas des intérêts de la nature et n'en tiennent aucun compte si elle se trouve en travers de sa route. Ces processus doivent être sans cesse améliorés coûte que coûte pour obtenir les prix les plus bas avec un rendement maximum (prix, poids) même si, pour ce faire, il faut utiliser des méthodes destructives pour la planète, comme l'abus d'intrants chimiques dans l'agriculture, la destruction et l'artificialisation des surfaces agricoles dans l'industrie, ou l'abattage d'arbres qui sont des seigneurs centenaires, voire multiséculaires, pour faire rouler des camions sur des autoroutes.

Et ne parlons par des « discounter » ou « hard discounter » magasins dans lesquels seul le prix compte, quand celui-ci doit être le plus bas possible et qu'il est obtenu au mépris total d'une réflexion responsable sur les produits vendus, et sur le personnel.

Ce que l'on vend en grande distribution c'est d'abord un prix et c'est le seul critère de distinction entre les enseignes que le marketing nous impose pour faire le choix de notre fournisseur.

Il ne faut pas s'étonner qu'à cette aune, la qualité des produits diminue dans la mesure où on utilise le même mot pour nommer des choses de qualités différentes.

Le marketing nous assène, nous fait croire et nous inculque sans aucune nuance en matière de bien-être, de qualité et de durabilité, qu'une tomate est une tomate, qu'une carotte est une carotte, qu'un marteau est un marteau, qu'une chaise est une chaise, qu'un vêtement est un vêtement ou qu'un T-shirt est un T-shirt alors qu'une mauvaise tomate sera dépourvue du plaisir du goût, mauvaise pour notre santé et sans composants nourrissants, qu'un mauvais marteau, une mauvaise chaise ou un vêtement de mauvaise qualité achetés pour rien seront remplacés plus rapidement et finiront par nous coûter plus cher à la longue et surtout à nous faire consommer davantage et au-delà de nos besoins.

Malheureusement, en matière de production, un produit de mauvaise qualité porte le même nom qu'un produit de bonne qualité et il n'existe pas de bonne et de mauvaise qualité stricto sensu quand il s'agit de prix.

Même dans la mauvaise qualité, il y a des degrés.

Il est toujours possible d'aller plus bas.

Tout comme lorsqu'on touche le fond, il reste encore la possibilité de creuser.

À ce propos, un article paru dans le journal *Le Monde*[14] s'interrogeait sur « les vins naturels » au supermarché et posait la question : pourquoi ne trouve-t-on pas de vin naturel en supermarché ? et mettait en évidence cinq raisons principales :

« Parce que les vins nature sont souvent des « faux » ;

Parce que les conditions de conservation s'y prêtent mal ;

Parce que les quantités ne sont pas adaptées à ce type de distribution ;

Parce qu'il n'y a pas de personnel pour ;

Parce qu'il n'y a pas la clientèle pour ».

Ce dernier point n'indiquant pas qu'il n'y aurait pas d'acheteur, mais que, je cite : « Acheter du vin nature reste un acte militant que ce soit pour des raisons environnementales »... « sociales »... « ou politiques [...] voire les trois à la fois. Comment croire que l'on pourrait satisfaire son engagement intime dans un temple de la grande distribution ? Autant rêver d'un corner AMAP[15] entre le rayon des conserves et celui des surgelés. »

Ces remarques qui s'appliquent au vin, s'appliquent à tous les produits naturels ou artisanaux.

Produits dont nous aurions pourtant vraiment besoin, pour combler notre soif, consciente ou non, de nature, de travail bien fait et de poésie.

Tout cela est, hélas, bien connu et documenté mais revenons à nos moutons.

Il y a quantité de choses qui sont disponibles à la vente, dont nous n'avons pas du tout besoin et dont nous pourrions nous passer sans en souffrir le moins du monde.

---

[14] https://www.lemonde.fr/m-styles/article/2023/10/15/pourquoi-ne-trouve-t-on-pas-de-vrais-vins-nature-au-supermarche_6194571_4497319.html

[15] Association pour le maintien d'une agriculture paysanne.

Et quantité d'objets que nous pouvons désirer ou que l'on nous fait désirer en créant en nous un manque, mais dont nous n'avons en fait pas du tout besoin non plus.

Il est difficile, mais pas impossible, de réagir à ces pressions et de séparer le bon grain de l'ivraie alors que nous sommes sollicités de toutes parts. Réagir en ayant un point de vue distancié, en étant raisonnables et en comptant en termes de besoins, de véritables besoins.

Qu'en est-il alors du plaisir d'acheter ? En l'occurrence, il s'agit du plaisir de dépenser qui se transforme en gueule de bois quand il faut payer, s'agissant d'emplettes pour des produits dont on se rend compte, mais un peu tard, que nous n'en avions aucun besoin.

La route et la voiture

On est attachés à la « bagnole », on aime la « bagnole ». Et moi je l'adore, disait un ancien président de la République française[16].

Voilà au moins une personne qui a un lien quasi physique avec un objet, objet, qui néanmoins reste physique lui-même.

Nul doute que, par la magie de la publicité ou de la pression sociale, on a dû lui faire désirer une ou des « bagnoles » et qu'il n'a aucune difficulté, du moins en ce moment, à assouvir son désir.

De quoi avons-nous besoin ? De nous déplacer.

Encore faudrait-il s'entendre sur l'idée de déplacement en termes de besoins, le déplacement d'une utilité douteuse auquel on renonce étant la meilleure façon de préserver nos ressources énergétiques et financières.

Quand il s'agit de se déplacer, la voiture est souvent considérée comme le moyen le plus facile, le plus pratique, et le plus rapide.

En revanche, la voiture est gourmande en ressources pendant son processus de fabrication, son temps d'utilisation et son recyclage, si l'on peut dire, puisque les épaves de voiture non recyclées ont trop souvent un temps de vie supérieur à celui des voitures roulantes.

La planète aurait l'avantage dans une large mesure à ce que nous en produisions moins, qu'elles soient thermiques ou électriques.

En cette matière, il ne faudrait pas renouveler l'erreur qui a été faite à la fin du XIXe siècle.

---

[16] Emmanuel Macron, le 24 septembre 2023 sur TF1.

À cette époque, les grandes métropoles en développement constant connaissaient un grand problème de pollution lié au transport et à l'activité économique.

Le grand responsable était le cheval, dont les déjections jonchaient les rues, ce qui n'était pas sans conséquence sur la population d'un point de vue sanitaire[17].

Pour y remédier, il existait trois solutions proposées par le monde sacré de la technique : remplacer le cheval par des véhicules à traction mécanique, à vapeur, au pétrole ou à l'électricité.

La vapeur a vite été abandonnée mais il y eut une assez longue période pendant laquelle les véhicules à traction électrique et à traction thermique ont cohabité.

À tel point qu'en « 1900 le nombre de voitures électriques produites est deux fois plus élevé que celui de leurs rivales. Cinq ans plus tard, la moitié du parc automobile mondial, largement concentré aux États-Unis est électrique »[18].

Pour des raisons qui sont loin d'être à l'honneur des vainqueurs et sur lesquelles nous ne nous étendrons pas ici, la voiture thermique est sortie victorieuse de ce combat.

Aujourd'hui, au début du XXIe siècle, la voiture thermique est accusée de tous les maux et ces fameuses émissions de CO_2 et autres gaz posent le même problème de pollution lié au transport et à l'activité économique qu'à la fin du XIXe siècle et la rendent de plus en plus impropre à la consommation.

Le monde sacré de la technique nous propose une nouvelle fois une solution alternative.

J'ai nommé la voiture électrique.

D'ailleurs, comme il est important de faire baisser le prix des voitures électriques pour les rendre plus compétitives avec les voitures thermiques, les constructeurs adoptent la

[17] https://www.lemonde.fr/series-d-ete/article/2023/08/14/voiture-thermique-contre-voiture-electrique-une-rivalite-vieille-comme-l-automobile_6185340_3451060.html

[18] *Ibid.*

technologie des batteries lithium-fer-phosphate pour les petites voitures.

Ces batteries ont l'avantage d'utiliser moins de matériaux critiques mais l'inconvénient de disposer d'une moindre densité énergétique et ne pas pouvoir s'intégrer dans un processus de recyclage complet.

Encore une fois c'est donc la planète qui va avancer les frais de la transition.

Alors ?

Que se serait-il passé si au début du XXe siècle, le combat entre la voiture thermique et la voiture électrique avait été gagné, non pas par la voiture thermique mais par la voiture électrique ?

Le monde serait jonché de batteries usagées, les décharges encombrées de terres rares impossibles à récupérer, ou trop chères à extraire pour les recycler.

Alors ? Alors le monde sacré de la technique nous aurait dit : « utilisons un autre moyen pour nous déplacer. Nous avons une alternative au moteur électrique ! Nous avons le moteur thermique ! Il n'utilise que très peu de batteries, ne consomme pas ou peu de terres rares, et ses métaux sont recyclables ».

Et hop, nous serions repartis pour un tour de manège dans l'autre sens.

Toujours dans le même sens, en fait ; le pareil au même.

Qu'elle soit électrique ou non, le problème c'est la « bagnole », comme disait un fameux président de la République française[19].

Ce n'est pas le moyen de transport qui pose problème, c'est l'abus de la production/consommation et l'usage que l'on fait de ce moyen, et dans lequel le système nous pousse.

L'idée n'est pas de revenir au cheval mais d'être raisonnables en fonction de nos vrais besoins en matière de

---

19 Emmanuel Macron.

transport et de déplacement en s'assurant qu'ils correspondent, effectivement, à nos véritables besoins.

La vérité c'est que plus de 95 % du cycle de vie d'une voiture particulière, nous ne nous en servons pas, elle stationne sans bouger, et que l'essentiel de son temps en notre compagnie, nous n'en avons pas besoin.

En revanche, dans un certain nombre de situations, nous avons besoin qu'elle soit là.

Vaste problème sans solution à court terme dans les endroits où le réseau de transport en commun est peu dense, voire inexistant.

Mais il existe des situations où nous n'avons pas besoin de voiture particulière et où nous n'avons pas besoin qu'elle soit là.

C'est en premier lieu sur ce segment, si nous y sommes, que nous devrions nous interroger.

Et c'est tant mieux, tant il serait important d'augmenter le nombre de personnes n'ayant pas besoin de voiture pour que restent possibles nos conditions de vie sur la planète.

À ce titre, l'exemple de Paris est significatif.

En fait de possession de voiture, les Parisiens font figure d'exception avec un taux de seulement 34 % de détenteurs de voiture[20].

66 % des Parisiens n'ont donc pas de voiture.

Pour la double raison que l'offre de transport en commun de la ville est une des plus denses du monde, et qu'il existe une politique constante de limitations de la place dédiée à la circulation automobile dans la ville.

Ça donc, apparemment, ça ne marche pas trop mal.

On sait que si on crée une offre crédible de transport en commun ou de partage et que l'on réduit la part de la voiture dans l'espace public, il y a moins de voitures, et surtout moins de besoins de voiture.

---

[20] https://www.leparisien.fr/economie/les-francais-toujours-aussi-accros-a-la-voiture-13-07-2019-8115909.php

À l'inverse, si on n'a pas d'offre crédible de transport en commun et que l'on augmente la place dédiée à la circulation automobile, il y aura plus de voitures et surtout un besoin accru de voiture.

Alors que font les Parisiens qui n'ont pas de voiture ?

Imaginons qu'ils utilisent majoritairement le train pour se déplacer en dehors de la région parisienne pour le week-end ou les vacances et qu'ils louent des voitures ou des vélos à leur point d'arrivée.

Le bonus c'est qu'il est économiquement plus intéressant de se déplacer de cette manière, en diversifiant notre mix-mobilité, que de financer une voiture à l'année pour faire relativement peu de kilomètres même dans le cas de vacances de plusieurs semaines.

Il est indispensable que nos décideurs prennent conscience de ce point capital et prévoient d'investir massivement dans des alternatives crédibles à la voiture et à la route.

Il y a quantité de cas où elle pourrait être remplacée par le train pour des voyages ponctuels ou pour des allers et retours quotidiens.

Si le train et les autres moyens de transport en commun étaient densifiés et s'il y avait un réseau plus consistant, plus de gares, plus de choix et d'alternatives, gageons que le nombre de gens en capacité de se passer de voiture augmenterait de manière significative.

Nous en avons besoin.

Nous en avons vraiment besoin.

Il y a là des avantages considérables à recueillir pour réussir notre transition énergétique et certainement bien davantage qu'en remplaçant la voiture thermique par la voiture électrique dans la proportion d'une pour une.

Malheureusement, ce n'est pas encore ce que nous faisons.

La preuve en est que nous investissons encore massivement dans notre réseau routier sans faire d'efforts comparables sur nos réseaux de transport en commun.

Un autre président de la République française disait en 1971 qu'il s'agissait « d'adapter Paris à la fois à la vie des Parisiens et aux nécessités de l'automobile »[21].

À l'époque, il semblait évident, en tout cas aux yeux des décideurs politiques, que la voie du progrès était en grande partie celle de la route et, bien que les informations sur l'impact écologique de ce moyen de déplacement étaient déjà nombreuses, les lanceurs d'alerte étaient vus au mieux comme des anxieux au pire comme des doux dingues (ou doux rêveurs au choix). Pour s'en faire une idée, il suffit de se rappeler la manière dont René Dumont, candidat écologique[22] à l'élection présidentielle de 1974, a été traité à l'époque par les politiques et les médias.

Depuis, nous avons agrandi et élargi nos routes et nous avons considérablement étoffé notre réseau d'autoroutes que ce soit en France, en Europe et sur la quasi-totalité de la planète.

Nous sommes encore et toujours dans la culture du tout « bagnole », comme disait un notoire président de la République française[23].

Et pour faire rouler ces « bagnoles », il faut aussi des autoroutes, beaucoup d'autoroutes.

En avons-nous besoin, en avons-nous tant besoin, en avons-nous besoin d'autant ?

On peut s'étonner de la constance de l'État à vouloir nous construire ou nous élargir un réseau d'autoroutes de plus en plus dense dans un monde où tout porte à croire que le futur devra obligatoirement s'écrire davantage en transport en commun qu'en transport individuel, et que la seule politique raisonnable serait de privilégier les types de transports, dits alternatifs, et d'investir massivement sur le train – que l'on

---

[21] Georges Pompidou, dans un discours prononcé le jeudi 18 novembre 1971 au district de la région parisienne.

[22] René Dumont. *L'utopie ou la mort*. Le Seuil, Paris, coll. « L'Histoire immédiate ».

[23] Emmanuel Macron.

réduit méthodiquement depuis 70 ans s'agissant des lignes de proximité et du réseau (malheureusement) secondaire – et les transports collectifs efficaces, sobres et moins polluants.

Cela relativise le gain de temps de trajet à considérer avant de construire une nouvelle autoroute comme en 2023, celle de Castres à Toulouse où il s'agit pour 53 kilomètres d'autoroutes :

De détruire 366 hectares de terres agricoles et d'espaces naturels, dont 11,7 ha de bois et forêts (dont des centaines d'arbres centenaires) et 22 ha de zones humides ;

De dépenser 450 millions d'euros dont 23 millions d'argent public ; et 17 € au moins pour les utilisateurs pour chaque aller ou retour en voiture thermique (20 % de remise pour un véhicule électrique) ;

Pour gagner entre 17 et 20 minutes sur le trajet pour l'automobiliste ; et beaucoup d'argent pour le concessionnaire pendant 55 ans.

8,50 € pour gagner 17 minutes sur le temps de trajet aller ou retour, c'est-à-dire un coût de 30 € pour une heure gagnée.

À ce jour, plus de 90 % des salariés français ont un salaire horaire inférieur à ce montant.

Avons-nous besoin, est-il utile de gagner 17 minutes pour un trajet de 53 kilomètres et, pour ce gain de temps, est-il raisonnable de dépenser deux fois 8,5 € pour un aller et retour ?

On n'économise pas seulement 17 minutes. On crée une nouvelle dépense et ce que l'on économise en temps, on le dépense en argent.

Et c'est cher.

Sans compter les destructions irrémédiables d'espaces naturels.

Ce genre de projet est exactement l'image de ceux qu'il faut éviter, ne plus faire, compte tenu de nos engagements en matière de sobriété énergétique et de la nécessité de répondre à notre vrai besoin d'assurer de véritables changements dans notre mode de vie.

Ces changements sont indispensables pour braver les défis climatiques auxquels nous devons faire face.

Malgré tout, nous continuons à investir des milliards à agrandir et à élargir notre réseau d'autoroutes.

Pour quoi faire ?

La raison officielle pour laquelle on élargit une autoroute c'est parce qu'elle est saturée.

Quand elle est saturée, on ajoute une voie de plus, et quand, plus tard, cette même autoroute sera de nouveau saturée, on ajoutera une nouvelle voie, ainsi de suite.

Jusqu'à ?

Un peu comme un enfant laissé seul dans un magasin de bonbons.

Où s'arrêtera-t-il et en a-t-il besoin ?

Sommes-nous raisonnables ?

De plus, il faudrait s'entendre sur ce que l'on appelle une autoroute saturée.

En fait, une autoroute lambda n'est pas souvent saturée et le trafic est fluide la majeure partie du temps, hors grosse agglomération.

En revanche, lors des départs et retours de vacances ou lors des grands week-ends, elles sont toutes saturées quelles que soient leurs capacités d'accueil.

Cette situation de saturation ne se présente que quelques jours dans l'année et fait toujours les gros titres des médias.

Pour ces quelques jours de saturation dense dans l'année, on justifie des travaux gigantesques pour élargir les ponts, les chaussées et les tunnels et ajouter des voies supplémentaires.

Pour quoi faire ?

Pour créer une circulation plus fluide… les jours où il n'y a personne et… de plus grosses saturations avec davantage de voitures les jours de départ et retour de vacances ou les jours de grands week-ends.

Puisque, quoi que l'on fasse, les jours de grand départ, qui sont peu nombreux rappelons-le, il y aura forcément des ralentissements, et il est illusoire de penser que ces quelques jours-là, on va pouvoir fluidifier le trafic, sauf à créer des autoroutes très, très larges… qui seraient utiles 5 à 10 heures par jour, 10 à 15 jours par an.

De plus, si on passe l'autoroute de deux à trois voies, quel sera le temps gagné les jours de grand trafic et surtout quel sera le niveau d'argent jeté par les fenêtres sachant qu'à plus de 90 % de son temps, cette troisième voie ne servira à rien et que sur le temps restant, elle ne servira à rien non plus puisqu'elle sera, de toute façon, saturée.

Tout comme les parkings de supermarché taillés pour recevoir tous les clients aux heures – peu nombreuses – d'affluence maximum, on ne peut pas dimensionner une autoroute sur la base du moment de l'année où il y a le plus de trafic, et tout automobiliste sait très bien que si elle ou il décide de partir un jour classé noir dans tous les sens, il faudra qu'elle ou il prenne son mal en patience pour arriver sûrement et calmement à son point d'arrivée prévu.

Le plus sage, pour chaque personne voyageant en voiture, sera d'intégrer le temps supplémentaire lié au trafic et à l'affluence sur la route dans le temps de trajet et de considérer que ce temps supplémentaire fait aussi partie des vacances.

De cette manière, on ne peut qu'avoir une majorité de bonnes surprises.

Il est vrai qu'être coincé dans le trafic sur la route des vacances peut être frustrant, mais, hors accident grave et blocage complet, quel est le temps de trajet supplémentaire dû aux ralentissements sur un parcours donné ?

Pas tant que ça en vérité.

En revanche, en élargissant continuellement les autoroutes, on crée des aspirateurs à voiture puisque l'on sait bien que, comme en mécanique des fluides, plus on élargit le tuyau plus on fait passer de fluide.

Pour que ce fameux tuyau d'autoroute, répétons-le, soit utile seulement quelques heures ou quelques jours par an puisque le reste du temps, il sera soit inutile, soit saturé.

Le plus raisonnable serait de se contenter de ce que nous avons et de nous poser la bonne question.

En avons-nous besoin ?

Oui, si le but est d'assurer un trafic fluide, 365 jours par an (ce qui n'est pas possible, rappelons-le), non, s'il s'agit d'encourager tout un chacun à utiliser des moyens de transport alternatifs.

Le meilleur moyen d'encourager les automobilistes, en tout cas ceux qui le peuvent, à utiliser des moyens de transport alternatifs, c'est de tolérer de gigantesques embouteillages sur les routes et les autoroutes pour qu'ils soient dissuadés de prendre leur voiture et qu'ils envisagent sérieusement, ou en tout cas, plus sérieusement, d'utiliser des modes de transport alternatifs, d'utiliser le covoiturage, de partager leur voiture, ou de se passer de voiture individuelle et de ne surtout pas la remplacer par l'avion.

Ce serait une belle occasion d'enclencher un cercle vertueux puisque plus le nombre de ceux qui peuvent se passer de voiture augmentera, moins il y aura de voitures sur la route, plus il y aura de place pour ceux qui ne peuvent pas s'en passer et, à la fin, il n'y aura plus besoin d'élargir l'autoroute.

Le raisonnement est le même pour le nombre de poids lourds sur les autoroutes.

La trajectoire idéale devrait être de supprimer des camions sur les autoroutes pour les remplacer par du fret ferroviaire.

Est-ce donc vraiment le moment de les élargir pour accepter plus de camions ?

Non, certainement pas, et ceux qui ont intérêt à élargir les autoroutes dans un processus sans fin ne sont pas en premier lieu les usagers mais les entreprises de travaux publics.

Ensuite et pour les autoroutes concédées, ce sont les concessionnaires dont les actionnaires majoritaires, voire les propriétaires, sont justement des entreprises de travaux publics.

Quand il y a des travaux sur une autoroute, ils sont effectués par le concessionnaire, en échange d'un allongement du contrat de concession[24].

Les autoroutes étant payantes en France, le concessionnaire a donc un double intérêt : allonger le temps de concession ET faire entrer le plus de véhicules possible dans l'aspirateur à voiture en les élargissant.

D'où son empressement à motiver auprès des décideurs, le plus possible de travaux d'élargissement, de constructions nouvelles, qui sont des déserts biologiques et dont nous n'avons, nous, vraiment pas besoin, compte tenu du virage raisonnable, souhaitable et indispensable, en matière de préservation des espaces naturels dont nous avons, en revanche, vraiment besoin.

En fait de consommation d'espaces naturels, les autoroutes, espaces fermés, sont indissociables des aires commerciales, pudiquement appelées aires de repos et qui s'étalent sur de grandes surfaces autrefois naturelles et gorgées de vie.

Là, le carburant et les produits proposés sont beaucoup plus chers que n'importe où ailleurs et dans les boutiques, contrairement aux supermarchés, il n'y a pas pléthore de références mais un assortiment identique et standardisé sur toutes les aires d'autoroutes du pays sauf pour les produits régionaux, dont on ne peut pas dire qu'ils soient véritablement l'émanation du terroir local.

Mais nous sommes un peu prisonniers et il n'est pas facile de s'arrêter ailleurs sauf à perdre un temps réputé précieux.

Quand on s'arrête pour un arrêt toilettes, tout est fait ici aussi pour nous vendre quantité de choses dont nous n'avons pas besoin. Généralement trop sucrées ou trop salées mais aptes à provoquer en nous un désir à combler sans délai.

---

[24] https://www.francetvinfo.fr/economie/industrie/autoroutes-un-rapport-accablant-pour-l-etat_3407563.html

Nous ne sommes certainement pas nombreux à être sortis des toilettes de ces aires appelées aires de repos sans avoir acheté ce ou ces petits quelques choses dans l'espace commercial, achats dont nous n'avions pas besoin.

Par ailleurs, une autre manière de réduire notre impact négatif sur la planète par un petit geste consiste à réduire notre vitesse sur la route.

Avons-nous besoin de rouler à la vitesse maximum autorisée sur les routes et sur les autoroutes ?

Un rapide calcul nous apprend que, sur une autoroute, réduire sa vitesse de 130 à 120 km/h nous « coûtera » cinq minutes de plus par heure. De 130 à 110 km/h, 11 minutes par heure, et de 130 à 100 km/h 18 minutes.

En revanche pour un véhicule thermique, baisser sa vitesse de 130 km/h à 110 km/h nous « rapportera » une consommation moindre jusqu'à 25 % en fonction du type de véhicule.

L'économie est encore plus probante sur une voiture électrique, la consommation d'énergie pouvant être divisée par deux en roulant à 110 km/h plutôt qu'à 130 km/h, ce qui permet en outre de réduire le nombre d'arrêts nécessaires pour recharger la batterie sur des longs trajets et donc… de gagner du temps.

Avons-nous vraiment toujours besoin de gagner 11 minutes pour une heure de trajet en roulant à 130 km/h ?

L'abaissement à 110 km/h la vitesse sur autoroute était une des 149 propositions de la Convention citoyenne[25] voulue par un célèbre président de la République française[26] en 2019, convention qui regroupait 150 femmes et hommes volontaires tirés au sort parmi la population française, et qui avait pour mandat de définir des mesures permettant d'atteindre une baisse d'au moins 40 % des émissions de gaz

---

[25] https://www.conventioncitoyennepourleclimat.fr/

[26] Emmanuel Macron.

à effet de serre d'ici 2030 (par rapport à 1990) dans un esprit de justice sociale.

Sur les 149 propositions remises au président de la République le 21 juin 2020, il les a retenues toutes sauf trois, soit 146.

Force est de constater aujourd'hui qu'il en a plutôt pris trois sauf toutes.

En revanche, l'abaissement à 110 km/h de la vitesse sur autoroute a fait partie des propositions exclues d'emblée car jugé impopulaire et inutile.

Pourtant, les gains de la mesure, s'agissant de l'accidentologie, du bruit et de la réduction des émissions de CO_2 sont attestés par de nombreuses études.

Concernant ce dernier point, Nabil Wakim, auteur de nombreux articles sur le climat, n'a aucun doute. Voici son opinion citée par le journal *Le Monde* dans son édition du 27 avril 2023 :[27]

« Il n'y a aucun doute que la baisse de la vitesse sur les autoroutes ferait baisser nos émissions de gaz à effet de serre. Le volume est difficile à quantifier avec précision, mais les experts estiment qu'on serait entre 20 % et 30 % de baisse de consommation d'essence sur ces tronçons et entre 1,45 et 2,6 millions de tonnes de CO_2 économisées – soit environ 3 % des émissions des voitures individuelles. »

3 % des émissions des voitures individuelles, c'est loin d'être négligeable, quand une étude du Commissariat général au développement durable intitulée « Les émissions de gaz à effet de serre du secteur des transports »[28] nous apprend qu'en 2019, « le transport est l'activité qui contribue le plus aux

---

27 https://www.lemonde.fr/climat/article/2023/04/27/baisser-la-vitesse-a-110-km-h-sur-les-autoroutes-fait-il-economiser-du-co_6171197_1652612.html

28 https://www.notre-environnement.gouv.fr/themes/climat/les-emissions-de-gaz-a-effet-de-serre-et-l-empreinte-carbone-ressources/article/les-emissions-de-gaz-a-effet-de-serre-du-secteur-des-transports#Les-voitures-particulieres

émissions de gaz à effet de serre (GES) de la France. En 2019, il représentait 31 % des émissions françaises de GES ».

Raison de plus pour réduire notre vitesse, nous passer de la voiture ou la partager lorsque c'est possible ou utiliser des modes de transport en commun utilisant une énergie un peu plus propre.

Le capitalisme[29]

Le capitalisme, il faudra bien apprendre à s'en passer, c'est une question de survie.

La planète ne peut plus supporter un système productiviste basé sur la consommation sans limite avec pour seuls critères le prix, la quantité, l'efficacité des processus au moyen de l'énergie fossile et au mépris de ce qui nous concerne tous au premier chef : le maintien de conditions de vie acceptables sur une planète en bonne santé.

Un système taillé pour répondre à toutes nos demandes, à n'importe quel prix, quel qu'en soit le coût écologique et surtout répondre aux demandes pour lesquelles il a volontairement suscité chez nous un désir et donc créé un manque.

Nous avons parlé, à l'intérieur du système capitaliste, du marketing, de la publicité, des grandes surfaces de la route et de la voiture en se limitant à ces quelques aspects notoires et emblématiques de l'impact du système sur notre vie de tous les jours.

Les domaines évoqués ici ne sont que la partie émergée d'un immense iceberg piloté par un système global appelé le capitalisme.

---

[29] Plus particulièrement, le capitalisme industriel défini par la production de valeur d'échange et la maximisation des profits au moyen de l'énergie fossile qui, selon Andreas Malm, est responsable de l'artificialisation du monde et de la surexploitation de ses ressources.

On pourrait multiplier les sujets en se tournant vers la production et les moyens de production, l'industrie, l'énergie, l'informatique, le commerce international, le transport, l'intelligence artificielle – qui n'est, pour le moment, que de la connaissance artificielle –, l'eau, la nourriture, les paysages, ou l'agriculture – très largement exportatrice de maïs ou d'autres céréales quand, ici, une majorité d'éleveurs nourrissent leurs bêtes avec des tourteaux de soja importés d'espaces agricoles gagnés sur d'anciennes forêts primaires d'Amérique du Sud.

Nous vivons dans un système dans lequel faire de l'agriculture dans de grands bâtiments à l'abri de la lumière du soleil en ne donnant à la plante « que ce dont elle a besoin » n'est pas un problème et où la finalité, ou plutôt l'étape à venir de ce processus, conduit tout droit à un bétonnage des champs pour construire des bâtiments de plusieurs niveaux qui permettront de cultiver, sur chaque hectare d'ancienne terre bien vivante, autant d'hectares de plantes hors-sol qu'il y a d'étages, étages pourtant biologiquement morts, et inutiles pour le bien-être de notre planète.

De la science-fiction ? Non, cela existe déjà au centre de la Chine pour l'élevage de porcs[30]. Dans la ville d'Ezhou, on a construit la plus grande « ferme » d'élevage de porcs du monde. Les animaux sont parqués dans des enclos dans un bâtiment de 26 étages (26 étages !) et l'objectif est de produire 1,2 million de cochons par an. Ces animaux n'auront jamais vu, ni le soleil, ni un brin d'herbe. Les employés, dûment désinfectés avant d'entrer, vivent et dorment sur place et ne sortent qu'une fois par mois pour six jours de repos.

Pour nourrir ces animaux, il existe, à côté du bâtiment, une usine qui produit 500 000 tonnes de nourriture par an.

Qu'en est-il des déchets de ce type d'élevage en termes de lisier et de coût écologique du bâtiment lui-même ?

---

[30] https://videos.lesechos.fr/lesechos/sujet-actus/a-linterieur-de-la-plus-grande-porcherie-verticale-au-monde/qpxrm3q

Qu'en est-il du bien-être des animaux ou de la qualité de la nourriture produite ?

À ce jour[31], pas un mot.

Mais il existe déjà 200 fermes de ce type en Chine et le processus est en marche.

C'est efficace, c'est pratique, c'est facile, ce n'est pas cher, c'est rapide mais ça avance sans que nous nous en rendions compte et notre milieu se transforme à notre quasi insu.

Le paysage se transforme au gré des besoins du capitalisme sans que nous nous en rendions compte. Des foules de petits villages voient leur lieu de vie évoluer doucement mais sûrement sans bruit au détriment de la qualité de la vie et de la beauté des paysages.

Si nous avions été consultés il y a cinquante ans, il est certain que nous n'aurions pas accepté tout de go, un plan prévoyant dans nos campagnes, le remembrement, l'arrachage des haies, les lignes à haute tension, une multitude de poteaux le long des routes, des éoliennes avec des pieds dans des semelles de béton de 400 tonnes enfouies pour toujours où, dans lequel plan, la privatisation de l'eau au moyen d'immenses bassines réserverait à quelques irrigants une ressource devenue plus rare, dans une campagne avec toujours moins de paysans et plus d'exploitants agricoles, propriétaires de la majorité des terres.

L'agriculture telle qu'elle est pratiquée aujourd'hui est à bout de souffle et nous mène à la catastrophe.

Vouloir prolonger ces pratiques en puisant les réserves d'eau de nos enfants dans les profondeurs de la terre s'apparente malheureusement à de l'acharnement thérapeutique sur un modèle condamné.

C'est ce que permet le système au nom de la loi de l'offre et de la demande qui commande d'être toujours plus efficace pour obtenir les meilleurs prix ; d'établir des processus industriels de plus en plus sophistiqués pour les atteindre,

[31] Décembre 2024.

mais qui implique le gaspillage des énergies disponibles – et limitées – et la destruction de plus en plus rapide de la planète pour nourrir cette machine de l'efficacité, du prix et du profit.

Ce système continue à engendrer de considérables dégâts et à s'en nourrir en proposant des solutions techniques et coûteuses pour la société pour résoudre des problèmes qu'il a lui-même créés et qui n'auraient jamais dû se poser.

Et c'est la Terre qui paie l'addition, mais personne n'en tient compte parce que cette donnée terrestre de base ne fait pas partie du processus et que tout ce qui provient d'elle « naturellement » est considéré comme gratuit, le pillage et l'accaparement des ressources devenant source de profit et sans conséquences néfastes évidentes à court terme.

Notre système en est tout bonnement à prendre des mesures extrêmement coûteuses pour nous « préparer » à un réchauffement de plus de quatre degrés par rapport à l'ère préindustrielle comme si celui-ci était déjà inéluctable et comme s'il était impossible de réfléchir à d'autres mesures pour ne pas arriver à cette extrémité.

Nous en sommes déjà à développer et utiliser la géo-ingénierie solaire visant à modifier, de manière volontaire, le climat de la Terre en vue d'atténuer le réchauffement climatique.

Ceci, sans nous préoccuper de nous attaquer de manière sérieuse aux causes du réchauffement que nous avons nous-mêmes provoqué.

Un peu comme cette définition du mariage « qui permet à deux êtres de résoudre ensemble les problèmes qu'ils n'auraient jamais eu s'ils ne s'étaient pas mariés ».

En oubliant, en gommant, en annulant le fait que la planète Terre paie la facture de nos actions, nous créons des systèmes dans lesquels le bien-être de la planète est absent et dont malheureusement, l'ensemble du tout est inférieur à la somme de ses parties au niveau global, ce qui est l'exact contraire de ce qui a façonné notre monde depuis toujours[32].

Le bien-être de la planète est pourtant vital pour nous tous.

Ce système nous pousse ou nous contraint à faire des folies, que nous en soyons conscients ou non.

Il n'est pas suffisamment adulte pour susciter en nous les demandes qui correspondraient à nos vrais besoins, tout en étant raisonnable pour nous, notre porte-monnaie et pour la planète.

Il est soucieux du profit, mais de nos besoins et de ceux de la planète, point.

Le système n'est pas animé de dispositions favorables ; il ne fait pas quelque chose sans y être tenu et parce qu'il le veut bien ; de plein gré, à titre gracieux ; il n'est pas bienveillant et dévoué.

Il ne peut pas, ne sait pas, faire preuve de bénévolence.

---

[32] L'holisme est la tendance dans la nature à constituer des ensembles qui sont supérieurs à la somme de leurs parties.

Les besoins et la planète

En ce qui concerne la fin du capitalisme, nous n'y sommes pas encore.

Pourtant, pour nous nourrir et prendre soin de nous, la planète aurait besoin d'un système humain qui ne l'exploite pas, qui ne cherche pas à la dominer, qui ne la contraint pas. Contrainte, nous savons qu'elle ne se soumettra pas et nous risquons de payer très cher notre insolence.

Gaïa[33] n'a pas besoin de nous pour tourner autour du Soleil, elle se moque de l'existence des humains et ne se porterait ni mieux, ni moins bien si nous n'étions plus là, quand bien même nous l'aurions réduite à un désert de cailloux sans vie.

De grands bouleversements se sont déjà produits dans l'histoire de notre Terre.

Il était une fois des petites bestioles, de microscopiques organismes vivants, des cyanobactéries anaérobies, qui vivaient il y a plus de 2,4 millions d'années et dont les « déchets » étaient du dioxygène. En revanche elles tiraient le carbone nécessaire à leur métabolisme au moyen de la photosynthèse à partir de l'atmosphère riche, à l'époque, en CO_2.

L'accumulation involontaire par ces organismes de ces « déchets » dans les océans et la réaction de ces mêmes déchets avec certains métaux a été un des éléments majeurs entraînant une modification profonde de l'atmosphère

---

[33] James Lovelock et Lynn Margulis ont formulé « l'hypothèse Gaïa » et comparent la Terre à un organisme vivant capable de s'autoréguler. *New Look at Life on Earth* – 1979 (en français, *La Terre est un être vivant*).

terrestre au point de donner un avantage aux organismes aérobies qui se développaient principalement dans une atmosphère riche en dioxygène. Cette situation a entraîné, il y a donc 2,4 millions d'années, une crise écologique destructrice pour les organismes anaérobies… qui pourtant produisaient les « déchets » qui allaient les tuer. La plupart de ces petites bestioles sont donc mortes aujourd'hui, pour notre plus grand bonheur puisque maintenant, et grâce à elles, nous sommes vivants sur la Terre que nous connaissons aujourd'hui et qui dispose d'une atmosphère riche en dioxygène.

Face à Gaïa, nous sommes, nous l'humanité, dans la situation inverse aujourd'hui.

Les petites bestioles que nous sommes sont devenues un petit peu plus grandes et tout aussi influentes quant au pouvoir qu'elles ont sur l'atmosphère et la vie de la planète.

Ces plus grandes bestioles ont trouvé des moyens gigantesques pour émettre des gaz qui sont significativement nocifs pour leur propre survie.

Nous sommes en train de transformer notre atmosphère à nos risques et périls, et Gaïa n'en a strictement rien à faire.

Qu'à sa surface il y ait des cyanobactéries anaérobies émettrices de dioxygène ou des humains gros émetteurs de gaz à effet de serre lui est complètement indifférent.

Cela ne l'empêchera pas de tourner autour du Soleil.

Il ne s'agit donc pas de lutter contre elle, pour la conquérir et la soumettre, mais de travailler avec elle pour rester le plus longtemps possible en bonne entente avec elle et garantir des conditions de vie acceptables pour notre espèce et pour tout l'écosystème dont nous profitons.

Une bonne façon de commencer au niveau individuel consiste à ne pas lui demander plus que ce dont nous avons vraiment besoin, une grande part de l'épuisement de notre planète découlant d'une consommation folle bien au-delà de nos vrais besoins collectifs.

À court terme, travailler avec Gaïa, pour les humains que nous sommes, représente certainement un effort pour modifier notre façon d'y vivre, tant nous nous sommes habitués à nous y comporter comme un enfant dans son magasin de bonbons.

Le système pourrait jouer le rôle de l'adulte dans le magasin de bonbons mais force est de constater qu'il ne l'est pas.

Nous avons changé d'échelle et les humains sont devenus importants au point de leur faire envisager sérieusement de donner à une époque géologique le nom d'Anthropocène ou de Capitalocène pour succéder à l'Holocène, époque où le sol ne réagissait pas aux actions humaines.

Nous et notre activité avons un impact significatif sur le bien-être des processus naturels à l'œuvre sur Terre, processus qui nous permettent à nous et aux millions d'autres formes de vie de vivre ici.

Nous avons changé d'échelle.

Les conditions de vie possibles ne nous sont plus données, elles nous sont maintenant confiées.

Nous sommes à la fois l'enfant et l'adulte.

Il est essentiel de nous diriger vers un système adulte qui prenne en compte avant toute chose les conditions de vie sur la planète et qui abandonne la théorie enfantine que nous avons faite nôtre selon laquelle tout nous serait dû étant entendu que nous pourrions ad vitam aeternam puiser sans fin dans les ressources de notre monde sans jamais ne rien lui donner en retour.

Ces relations disharmonieuses et déséquilibrées ne sont pas acceptables par la planète Terre.

Elle a besoin que nous soyons raisonnables.

En revanche, à long terme, continuer comme si de rien n'était pèsera lourd sur le temps pendant lequel nous et nos descendants pourrons continuer à vivre avec Gaïa en gardant des conditions de vie possibles et supportables.

Le rôle de l'État

Puisque la fin du capitalisme n'est pas encore à l'ordre du jour, il faut s'en remettre en partie à l'action de l'État pour qu'il s'occupe de nous donner les moyens de pouvoir nous procurer ce dont nous avons vraiment besoin.

Parce que ce dont nous n'avons pas besoin, le marketing, la publicité et la pression sociale s'en occupent.

Or, c'est en grande partie la consommation excessive et sans limite et sans réel besoin qui a des conséquences dévastatrices sur la bonne santé et la bonne marche de la planète.

Une partie du chemin peut être faite par nous-mêmes et sera le fruit de nos efforts individuels, mais ce ne sera malheureusement pas suffisant.

Nous n'arriverons pas à un résultat significatif permettant d'inverser la tendance si l'État n'a pas conscience de la réelle mesure du problème et ne prend pas le taureau par les cornes pour que les choses changent.

Il est tout à fait fondé à le faire, tout comme il s'est toujours estimé fondé à sauver l'économie lorsqu'elle s'est trouvée en panique et sans solution lors de la crise financière mondiale des subprimes en 2007-2008 ou au moment de la pandémie du Covid-19.

Il était alors le dernier recours pour venir au secours de l'économie mondiale.

Ce qu'il a fait pour le commerce, les affaires et les banques, il doit le faire alors que la situation environnementale se dégrade et qu'il est urgent d'agir fort et vite.

Une action collective de l'État et de l'ensemble des États est indispensable pour garder au moins un pied le plus longtemps possible dans l'Holocène, et ne pas verser définitivement dans l'Anthropocène, voire dans la Capitalocène[34].

Nous avons déjà évoqué les moyens de transport.

Il est capital qu'un État responsable arrête d'investir massivement dans le réseau d'autoroutes et améliore et entretienne mieux le réseau secondaire tout en investissant davantage dans les transports plus doux en commençant par le transport ferroviaire qui, sans être la panacée, cumule l'avantage de transporter beaucoup de monde à la fois tout en étant moins émetteur de gaz à effet de serre.

Cet État responsable pourrait également s'attacher à ressusciter les petites lignes de train et se pencher sérieusement sur le fret ferroviaire qui tombe en déliquescence alors que chaque gare, quelle que soit sa taille, dispose (ou disposait malheureusement puisqu'on en a déjà rasé de nombreux) de hangars de réception de fret souvent fort jolis qui menacent bien souvent ruine parce qu'inutilisés et remplacés par des camions qui roulent sur… des autoroutes. En France, en un siècle, le réseau ferroviaire a été réduit de moitié.

On peut rêver du moment où l'on démontera les autoroutes pour les transformer en zones de promenades, en pistes cyclables ou en terrains de sport comme nous le faisons depuis cinquante ans pour les emprises ferroviaires, qui elles, en revanche, devraient redevenir des petites lignes de train.

En attendant, un État responsable devrait réduire la vitesse maximum autorisée sur les autoroutes.

---

[34] Selon Andreas Malm, c'est le capitalisme et non l'humanité qui menace de détruire notre planète. *Fossil Capital: The Rise of Steam Power and the Roots of Global Warming, 2016.*

Pourtant, une étude de 2018 du ministère de la Transition écologique[35] intitulée « Réduction des vitesses sur les routes – Analyse coûts-bénéfices », s'inscrit en faux sur cette mesure :

« L'abaissement des VMA de 20 km/h sur le réseau autoroutier a un bilan socio-économique très négatif de l'ordre de -550 millions d'euros (M€), dû à la perte de temps occasionnée (-1 150 M€) qui n'est pas compensée par les gains en accidentalité (150 M€) et les économies de carburant (360 M€). L'impact en matière d'accidentalité est inférieur à celui correspondant à l'économie de carburant, du fait d'un taux d'accident déjà très faible sur les autoroutes, et de gains de consommations de carburant plus que proportionnels à la baisse de vitesse. Par ailleurs, le report de trafic vers les réseaux routiers national et départemental sur lesquels l'accidentalité est plus élevée vient grever les gains escomptés. Toutefois, cet effet indirect n'est pas dimensionnant (-20 M€). La mesure s'accompagne par ailleurs d'une perte pour les concessionnaires d'autoroute de 70 M€, du fait du report de trafic. »

Dans le calcul ci-dessus, le coût de l'accidentologie (et les morts qui vont avec) est donc passé par perte et profit, et le CO_2 et autres gaz supplémentaires relâchés dans l'atmosphère ne sont pas non plus pris en compte, la vertu cardinale de la vitesse étant le gain de temps, quel qu'en soit le prix.

Perd-on vraiment tout son temps quand on passe plus de temps sur la route et est-il légitime de chiffrer ce temps comme du temps de travail perdu, qui pourrait être utile à l'économie comme le fait l'étude ?

Qui a dit qu'une heure de plus sur une autoroute était une heure perdue pour l'économie (en passant à la trappe tous les déplacements privés) ?

---

35 https://www.ecologie.gouv.fr/sites/default/files/publications/Th%C3%A9ma%20-%20R%C3%A9duction%20des%20vitesses%20sur%20les%20routes.pdf

C'est aussi une heure pendant laquelle on peut méditer, s'enrichir, écouter de la musique, être au calme, sans être sollicité activement par notre vie numérique. Et ce gain-là, quoique négligeable à l'échelon de l'économie, ne l'est plus à l'échelon du développement personnel.

Nous avons évoqué la grande distribution.

Un État responsable devrait limiter la consommation de terres agricoles pour la construction de centres commerciaux sans âme le jour et déserts la nuit.

Un État responsable devrait être attentif à l'équilibre qu'il doit y avoir entre la grande distribution et le commerce local, commerce local qui privilégie l'humain et les produits dont nous avons vraiment besoin sans nous tenter au-delà de ce qui est raisonnable.

En matière alimentaire, un État responsable devrait reprendre d'urgence cette belle idée de la sécurité sociale de l'alimentation qui aurait dû voir le jour depuis longtemps[36] et dont nous avons vraiment besoin au même titre que la sécurité sociale de la santé.

Sans la mise en œuvre de cette politique alimentaire fléchée vers des produits de qualité, la transformation de l'agriculture ne sera pas possible.

Les fondements de la sécurité sociale de l'alimentation sont : l'universalité, le financement par la cotisation et le conventionnement démocratique.

[36] Le programme du CNR (Conseil national de la résistance) adopté à l'unanimité de ses membres, toutes tendances politiques confondues, prévoyait un plan complet de sécurité sociale, visant à « *assurer à tous les citoyens des moyens d'existence, dans tous les cas où ils sont incapables de se le procurer par le travail* ». Ces « cas » envisageaient la sécurité sociale de la santé, la sécurité sociale du logement et la sécurité sociale de l'alimentation. Au sortir de la guerre, seule la sécurité sociale de la santé a vu le jour.

Universalité : le droit pour toutes et tous d'accéder à l'alimentation de son choix, que l'on soit riche ou pauvre.

Cotisation : chaque citoyenne ou citoyen finance le système de sécurité sociale de l'alimentation en fonction de ses moyens et utilise sa carte de sécurité sociale alimentaire selon ses besoins. Conventionnement démocratique : un contrat entre le producteur et celui qui mange. Des citoyennes et citoyens qui décident en assemblées collectives de leur alimentation, des types de produits qu'ils souhaitent manger et d'assurer un revenu pour tous les paysannes et paysans conventionnés. Ce qui permet de dissocier les prix agricoles du marché.

Un État responsable devrait être un rempart contre la surconsommation en faisant des campagnes efficaces à ce sujet.

Une telle campagne a bien été faite par le gouvernement français en novembre 2023.

On y mettait en scène un dévendeur dans un magasin de vêtements qui conseillait à un acheteur hésitant d'obtenir une économie de 100 % sur son achat en gardant le vêtement qu'il portait sur lui et en n'achetant rien ou à une acheteuse, sa machine à laver de faire réparer sa vieille machine plutôt que d'en acheter une nouvelle. Le lancement de cette campagne coïncidait avec le début du Black Friday. Les acteurs du commerce se sont plaints du moment choisi pour lancer une telle campagne et le gouvernement en la personne du ministre de l'Économie et des Finances[37] a admis que c'était en effet une « maladresse ».

Il semble au contraire que le moment était judicieusement choisi et que c'est bien lorsque la pression est maximale sur le consommateur pour l'inciter à consommer frénétiquement ou à faire des « affaires », qu'il faut intervenir pour essayer de remettre les choses à leur juste place et temporiser avec une dose d'humour.

[37] Bruno Le Maire.

Ces campagnes font vraiment partie de la mission de prévention de l'État au même titre de celles qu'il fait déjà depuis des décennies s'agissant de la consommation d'alcool, de la consommation de cigarettes, ou la consommation de drogues.

Si les conditions de vie se délitent sur Terre du fait de notre surconsommation, l'État est légitime à faire des campagnes de prévention sur les besoins.

Interrogé sur l'avenir de l'aéronautique, un étonnant président de la République française[38] a dit que nous allions verdir l'industrie aéronautique avec un plan en trois points : premier point, nous allons utiliser de biocarburants ; deuxième point, nous allons alléger les avions et troisième point : plus tard, nous allons les équiper de moteurs électriques.

Avions électriques, plus légers, carburants verts et, plus tard, moteur électrique mais pas un mot sur la sobriété s'agissant de la consommation de voyage en avion et de nos besoins en cette matière.

Pourtant, ça serait le rôle de l'État de conseiller les gens à ce propos et de leur apprendre à être moins gourmands en consommation aéronautique parce que même un avion qui émet moins de gaz à effet de serre en émet quand même et que la sobriété de notre consommation de ce côté-là sera toujours une bonne chose pour la planète.

Un État responsable devrait se pencher sur la question de l'agriculture et aider massivement les paysans, les cultivateurs et les exploitants agricoles à se convertir à des pratiques respectant la planète, en fléchant les aides gouvernementales sur des pratiques naturelles qui respectent le sol, la couverture du sol, le vivant et la biodiversité tout en s'assurant que ces travailleurs de la terre retirent de leur travail un revenu décent. L'artificialisation des sols ne s'entend habituellement que pour

[38] Emmanuel Macron.

les terrains construits, mais un terrain, autrefois naturellement terre à blé, terre à maïs, etc. qui ne peut produire aujourd'hui qu'avec l'aide de la chimie, comme la majorité des terres le sont, peut aussi être appelé un terrain artificialisé puisque la terre devient un substrat de type sableux, substrat qui ne sert qu'à tenir les racines de la plante et qui devient une « terre à tout » quand les intrants, devenus indispensables, viennent apporter les éléments nutritifs « nécessaires et suffisants », spécialisés par espèce, et que les plantes ne peuvent croître qu'avec l'aide de pesticides et de produits chimiques.

En préservant nos sols, nos paysages, notre biodiversité, notre air pur, nous investirions dans ce qui fera notre richesse de demain, en assurant, pour nous et les générations futures, notre alimentation de chaque jour et notre confort à vivre dans le pays où il fera bon vivre dont nous avons vraiment besoin.

L'État a besoin des agriculteurs pour réussir la transition écologique et elle ne se fera pas sans eux.

Un État responsable devrait proscrire les polluants éternels tant qu'ils sont éternels pour nous garantir une eau potable sans danger.

Un État responsable pourrait être un peu plus tatillon avant d'autoriser un permis de construire que ce soit pour un pont, un bâtiment public ou non ou n'importe quelle autre construction soumise à autorisation, et devrait pousser les demandeurs de tels permis à intégrer en premier lieu dans leur projet des alternatives durables au tout béton/acier/verre en étant attentif aux solutions retenues en matière de matériaux de construction, d'isolation et de climatisation.

Un État responsable devrait être circonspect avant d'autoriser des projets entraînant l'artificialisation de milliers d'hectares de terres nourricières quand des milliers d'hectares artificialisés sont à l'abandon alors que c'est lui et lui seul qui décide si un projet de construction peut se faire ou pas.

Enfin, et c'est ce qui met mal à l'aise le citoyen lambda dans les projets de transition écologique, c'est que celle-ci soit financée majoritairement par leurs impôts alors que la contribution des plus gros pollueurs, des plus riches et des grosses sociétés multinationales n'est ni à la mesure de l'effort nécessaire à cette même transition, ni répartie dans la juste mesure de ce que les plus gros pollueurs, les plus riches et les grosses sociétés multinationales ont détruit.

Pourquoi serait-ce uniquement le gouvernement, donc nous et nos impôts qui devraient financer la planification écologique alors que les dégâts ont été causés par de grosses sociétés multinationales, multimilliardaires qui ont dégagé des profits colossaux de leurs activités polluantes sans égard aucun pour les destructions qu'ils infligeaient à la planète ?

Que dire des 10 % les plus fortunés de la planète qui ont pesé à eux seuls près de la moitié de toutes les émissions de dioxyde de carbone en 2019, selon le rapport du Laboratoire sur les inégalités mondiales[39], ou des 1 % les plus riches qui émettent autant de gaz à effet de serre que les 66 % les plus pauvres, selon l'Oxfam[40] alors que plus vous êtes riche, plus il est facile de réduire vos émissions personnelles et celles liées à vos investissements.

Ont-ils vraiment besoin d'une troisième voiture, de quatrièmes vacances ou d'investir dans l'industrie du ciment ou d'autres industries destructrices ?

À titre de comparaison, ce que peut espérer gagner sur sa vie entière une personne au salaire minimum en France[41] (ce qui serait déjà un salaire de roi pour une grande partie de

---

39 https://www.lemonde.fr/economie/article/2021/12/07/pollution-les-populations-les-plus-riches-sont-les-plus-emettrices_6104988_3234.html

40 https://www.francetvinfo.fr/monde/environnement/crise-climatique/climat-les-1-les-plus-riches-emettent-autant-que-les-deux-tiers-des-plus-pauvres-selon-un-rapport-de-l-oxfam_6195159.html

41 Janvier 2025.

l'humanité) correspond à ce qu'aurait gagné la personne la plus riche du monde, par jour, depuis quatre cents ans, soit depuis le mariage de Louis XIV, époque où New York n'était encore qu'un village.

Compte tenu d'une telle différence, il ne semble pas hors de portée à cet homme riche de réduire significativement son impact négatif sur la planète.

Un État responsable devrait mettre davantage à contribution les plus riches qui voyagent en jet privé, les grosses sociétés qui ont par ailleurs des serveurs informatiques qu'ils immergent dans la mer pour les refroidir, et tous ces gens qui ont bâti des fortunes ou engrangé d'immenses profits en abîmant la planète, notre lieu de vie commun et unique[42].

En somme, puisque les grandes sociétés ne sont pas prêtes à effectuer des « ventes à perte » dans des cas particuliers et limités dans le temps, comme le suggérait le gouvernement français s'agissant du prix des carburants en 2023[43], il faudrait en retour que ces mêmes sociétés comprennent que la « vente à profit » n'est pas possible n'importe comment non plus et qu'à tout le moins, des taxes supplémentaires justes et proportionnées deviennent légitimes en cas de profits excessifs.

Il est choquant et difficilement compréhensible pour le citoyen lambda de voir les profits des compagnies pétrolières

[42] « Comme Gaïa ne peut être comparée à une machine, elle ne peut être soumise à un quelconque re-engineering. Comme le disent les activistes, il n'y a pas de Planète B. Vous ne pouvez vous en remettre à aucune NASA vers laquelle un équipage en difficulté pourrait se tourner en cas de catastrophe. » Bruno Latour, *Face à Gaïa*. La Découverte Poche, p. 126 – Allusion au film de Ron Howard, *Apollo 13*.

[43] https://www.rtl.fr/actu/economie-consommation/vente-des-carburants-a-perte-pourquoi-les-grandes-enseignes-refusent-7900300166

grimper lorsque le litre d'essence monte à la pompe, ou ceux des grandes surfaces augmenter en période d'inflation.

La décroissance ?

Se poser la question du besoin est-ce promouvoir la décroissance ?

D'un point de vue capitalistique, la décroissance est l'épouvantail associé à la réapparition de la traction animale et à toute sorte de retours en arrière produisant une perte de profit.

Il ne s'agit pas de cela ici.

Il ne faut pas confondre décroissance et retour en arrière, ce n'est pas la même chose.

Se limiter à ses besoins et être raisonnable n'est pas lié à la décroissance, mais à la croissance dans une autre direction.

Il s'agit de consommer autrement non pas pour retourner vers un monde idéal passé et fantasmé qui en réalité n'a jamais existé, mais pour aller de l'avant et croitre en ayant comme objectif premier la préservation de la bonne santé de la planète, qui seule peut permettre à l'humanité de s'assurer de vivre sur Terre pour de très nombreuses générations dans des conditions acceptables.

Il ne s'agit pas de décroitre mais de ralentir, pour nous concentrer sur nos vrais besoins dans le but de générer une croissance saine.

Il ne s'agit pas de se priver, mais de faire aussi bien avec moins.

Il ne s'agit pas ici de sacrifice mais de bien agir, et quoi qu'on en dise, bien agir en ayant la pleine conscience de faire quelque chose de juste est satisfaisant et rend plus heureux, comme le souligne Francis Munier, économiste à l'Université de Strasbourg et chercheur au bureau d'économie théorique et appliquée au CNRS :

« Les recherches en économie du bonheur nous donnent ainsi l'occasion de nous focaliser sur les potentiels d'un mode de vie vert et heureux. Ces récits positifs pourraient inspirer les leaders politiques pour une politique écologique désirable augmentant le bien-être individuel et sociétal, de surcroît en améliorant les qualités relationnelles des personnes fondées sur la reconnaissance. »

Et se sentir plus heureux est une chance à chérir dans une société où la colère, l'angoisse, l'inquiétude et la tristesse ont fortement augmenté depuis le début de cette décennie. Ces sentiments négatifs sont en grande partie alimentés par l'éco-anxiété et finiraient par générer en nous un fort ressentiment si nous n'y prenions pas garde.

Alors oui, le capitalisme peut s'inquiéter, tant la demande, dit autrement, la consommation, est un moteur fondamental de la croissance économique et tant cette croissance-là est indispensable au système tel qu'il fonctionne aujourd'hui.

Mais à quel prix pour la planète, planète qui a déjà atteint nombre de ses limites et qui aura du mal à en dépasser davantage ?

Pourtant, le premier État qui se lancera et encouragera un système de consommation intelligente basé sur la préservation de notre lieu de vie et sur la satisfaction de nos véritables besoins remportera la mise et sera riche pour des générations.

Il disposera de paysages préservés, d'une vie apaisée, d'un air plus pur, de moins de pollution visuelle, de davantage de silence et d'une population plus satisfaite de son cadre de vie, toutes choses qui sont des moteurs de croissance douce en bonne intelligence avec notre environnement.

Les générations futures nous béniront d'avoir été raisonnables en cette matière tout comme nous pouvons bénir aujourd'hui les Bretons de Plogoff[44] de la fin des années

---

[44] La centrale nucléaire de Plogoff devait être construite sur une falaise et refroidie par l'eau de mer. Le projet a été abandonné suite à l'action des habitants de la ville et de tous les soutiens qui les ont rejoints au fil du temps. En grande partie grâce à eux, le programme s'est arrêté à

soixante-dix ou les zadistes de Notre-Dame-des-Landes qui ont empêché le massacre de sites sauvages remarquables que nous pouvons admirer aujourd'hui et dont nous pouvons encore profiter paisiblement, parce qu'ils ont réussi à agir pour nous les transmettre intacts.

À ce titre, l'exemple du Costa Rica apporte des éléments de réflexion, tout en étant une esquisse de ce que nous pourrions imaginer.

Ce petit pays d'Amérique centrale est dépourvu de ressources énergétiques importantes ou plutôt ne cherche pas à en découvrir ni à investir dans la prospection minière.

Il est autosuffisant en matière de production d'électricité grâce à sa politique de production basée essentiellement sur les énergies hydrauliques, éoliennes et géothermiques.

Le pays investit depuis longtemps dans la santé, l'éducation et la protection du milieu en créant et en entretenant d'immenses parcs naturels alors que plus de 20 % de son territoire national est protégé.

Le pays est classé numéro un de l'Index de la planète heureuse (IPH)[45]

Cette expérience unique, loin d'être idéale par ailleurs, indique qu'il serait possible d'avancer sur un modèle respectueux de la planète tout en conservant un niveau de vie satisfaisant.

Il serait également possible de conserver un niveau de vie satisfaisant tout en se contentant d'une consommation qui répond à nos justes besoins et juste à nos besoins.

Pour ne plus épuiser la planète.

---

18 centrales. À l'époque, le projet gouvernemental était d'en construire 200 (!) sur tout le territoire français. Le documentaire de Nicole et Félix Le Garrec, « Des pierres contre de Fusils », témoigne, caméra à l'épaule, des évènements de Plogoff.

[45] Indice de la planète heureuse. HPI en anglais : Happy Planet Index. La France est classée n° 50 et les États-Unis n° 105 en 2012.

Un Américain consomme en moyenne 360 litres d'eau domestique par jour, un Européen deux à trois fois moins, un Indien 25 litres et un Africain encore moins.

L'égalité, au sens capitalistique du terme et ce qui le ravirait, serait que quiconque sur la planète puisse disposer de 360 litres d'eau par jour, comme les Américains, compte tenu de la croissance et de l'activité que ne manquerait pas de générer une telle consommation.

Mais ce n'est pas possible, s'agissant des limites de la planète et donc, rien moins que souhaitable.

L'Organisation mondiale de la santé préconise un minimum vital de 20 litres d'eau par jour et par personne pour répondre aux besoins fondamentaux d'hydratation et d'hygiène personnelle, 50 litres d'eau par jour et par personne pour vivre décemment et enfin, à partir de 100 litres par personne et par jour pour un réel confort.

Avons-nous vraiment besoin d'aller bien au-delà d'un réel confort ?

La voie de la sagesse serait plutôt que ceux qui consomment le plus dans notre exemple, réévaluent leurs véritables besoins et fassent aussi bien avec moins et que ceux qui disposent de beaucoup moins puissent avoir plus pour faire davantage.

Tendre à consommer la ressource avec bienveillance selon nos véritables besoins pour que tout un chacun puisse satisfaire les siens.

Il ne s'agit pas ici de décroissance mais de réévaluation de nos véritables besoins individuels pour qu'ils soient adaptés au plus près à la réalité physique du seul monde connu adapté à nos conditions de vie.

Ce qui est valable pour l'eau dans cet exemple l'est aussi pour tous les domaines liés à notre consommation.

Dans le texte « Leur récession n'est pas notre décroissance », publié en pleine crise financière de 2008, Paul Ariès, s'adressant aux « objecteurs de croissance », écrit[46] :

« La décroissance, ce n'est pas faire la même chose en moins, même en beaucoup moins, c'est faire tout autre chose, c'est renouer avec une utopie concrète. [...] Ce n'est donc pas en apprenant à se serrer la ceinture qu'on résoudra à la fois la crise sociale et environnementale, mais en redevenant des usagers maîtres de leurs usages. »

Redevenir un usager maître de ses usages, voilà qui fleure bon la consommation heureuse et raisonnée en fonction de nos véritables besoins.

[46] http://www.decroissance.org/textes/a80bcffc

Le porte-monnaie

Si on y regarde de plus près, consommer en s'attachant à combler nos véritables besoins ne peut qu'avoir une influence positive importante sur le volume de nos dépenses.

Au XVe siècle, un roi de France[47] faisait un petit tour incognito du côté de ses cuisines. Étienne, un tournebroche tout nouvellement employé au château, ne le reconnut pas.

Louis lui demanda :

– Qui es-tu ?

– Étienne.

– Ton âge ?

– 15 ans.

– Combien gagnes-tu ?

– Autant que le roi.

– Et que gagne le roi ?

– Ses dépens (ce qu'il dépense), et moi les miens.

L'histoire raconte que le jeune garçon fut anobli pour ce mot et que sa condition matérielle s'en fut trouvée grandement améliorée.

En dehors du fait que cette histoire met l'accent sur le singulier écart de revenus entre les différentes classes de la population, elle nous dit aussi que nous sommes tous, même le roi, décisionnaires et maîtres de la manière dont nous dépensons nos revenus.

Et dans la limite de cette enveloppe, quelle qu'elle soit, il n'est jamais douloureux de dépenser moins.

Le choix final nous revient.

Sans jamais oublier que le système suscite en nous des demandes, issues de désirs souvent fabriqués par lui, qui ne

---

[47] Louis XI.

correspondent pas à nos véritables besoins. Il ne se soucie pas de l'utilité des marchandises produites ou de leur impact sur notre lieu de vie. De manière égoïste, il pense surtout aux profits qu'il peut ajouter dans son propre portefeuille en les vendant.

Comment préserver notre porte-monnaie et gagner sur notre dépense en essayant de nous retrouver avec un petit peu d'argent sur notre compte à la fin du mois ?

Nous l'avons déjà dit :

– En premier lieu, se poser la question du véritable besoin est capital avant de décider si nous effectuons un achat ou non.

Nous sommes pris dans un tourbillon de sollicitations qui nous poussent à acheter bien au-delà de nos besoins en nous installant malgré nous dans une situation d'urgence et de pression logistique (il n'y en aura pas pour tout le monde, livré chez vous demain) ou commerciale (à ce prix-là, c'est un péché de s'en passer, d'ailleurs, c'est moins cher si vous en prenez deux).

Mais le meilleur prix et la livraison la plus rapide sont les vertus principales du produit que l'on n'a pas acheté parce que nous n'en avons pas besoin et qu'il ne nous est pas utile.

Il y a là de grandes économies à réaliser pour préserver notre porte-monnaie.

Pas de prix, pas de livraison.

Pas de dépense, pas d'impact négatif sur la planète Terre.

D'ailleurs, si l'on compare le nombre d'objets possédés par une famille aujourd'hui au nombre d'objets possédés par une même famille des générations précédentes, on constate que ce nombre a augmenté d'une manière significative[48].

Cette inflation du nombre d'objets est financée par notre porte-monnaie. Nul doute que dans ce nombre, nous allons

---

[48] Au Moyen Âge, une personne croisait 200 objets dans son existence ; Aujourd'hui, nous en croisons 20 000 par jour. Benoît Heilbrunn – *Peut-on consommer autrement ?* 2023. Sciences humaines éditions.

trouver une grande quantité d'objets et de choses dont nous n'avons pas vraiment besoin, ou un besoin relatif, et qui auraient pu constituer des économies putatives si nous ne les avions pas achetés.

Essayons d'éviter d'avoir à jurer, mais un peu tard, qu'on ne nous y prendra plus, comme disait Monsieur Corbeau, honteux et confus.

– Le système publicitaire et le marketing nous assènent en permanence que tout est moins cher dans la grande distribution. Mais beaucoup de choses inutiles, même achetées à bas prix, font des grosses dépenses lorsqu'il faut payer la note. Acheter selon ses vrais besoins signifie préserver sa dépense, et le bénéfice réalisé est observable sur-le-champ.

– Préserver sa dépense, c'est aussi choisir d'aller se fournir auprès de producteurs locaux, ou des petits commerçants qui savent créer du lien et dont on est sûrs qu'ils nous vendent de bons produits, bons pour notre santé, respectueux de la planète, et proposés dans des endroits où la tentation d'acheter au-delà de nos vrais besoins est moindre.

C'est le meilleur moyen d'avoir des informations à peu près fiables sur les produits que nous achetons et d'en consommer le moins possible. C'est bon pour notre porte-monnaie et c'est une bonne manière de contrôler ce que nous consommons, si nous voulons bien consommer, c'est-à-dire des produits qui ne sont pas faits par des enfants, qui ne sont pas extraits par des esclaves modernes, qui ne polluent pas la planète et qui assurent un juste revenu au producteur.

Et si certains prix semblent ponctuellement un peu plus élevés dans ces commerces, cette éventuelle dépense supplémentaire sera largement compensée sur le long terme par une meilleure santé pour nous et notre famille et par l'économie substantielle réalisée sur les produits inutiles qui auraient pu nous être suggérés dans une grande surface et que nous n'aurons pas achetés ici.

– Réduire notre vitesse sur la route est bon pour notre porte-monnaie.

Sur autoroute, le gain de consommation pour une voiture thermique lorsque l'on déduit sa vitesse de 130 km/h à 110 km/h est de 20 à 30 %. Quel distributeur de carburant serait capable de nous proposer une telle remise sur son prix de vente ? Et comme nous l'avons déjà vu, l'économie est encore plus probante sur une voiture électrique, la consommation d'énergie pouvant être divisée par deux en roulant à 110 km/h plutôt qu'à 130 km/h. Dans ce cas de figure au gain d'énergie consommée, il faudra ajouter le temps gagné en diminuant le nombre d'arrêts nécessaires, et le temps c'est, parait-il, de l'agent.

Et inutile de chiffrer l'économie réalisée par ceux qui pourraient utiliser le covoiturage, partager leur voiture, ou, encore mieux, s'en passer et qui ne le font pas.

– Utiliser un vélo pour se déplacer et lorsque c'est possible, se limiter au vélo sans assistance. Le vélo électrique, pour apporter un confort supplémentaire, représente un coût écologique important s'agissant de la consommation d'énergie, des métaux rares difficilement récupérables qu'il utilise et des batteries usagées qu'il engendre. À l'usage, le désormais nommé vélo « mécanique » est bon pour notre santé, bon pour la planète et meilleur pour préserver notre dépense.

– Limiter ses déplacements, en particulier pendant les vacances. A-t-on besoin de prévoir des voyages coûteux d'une semaine à l'autre bout de la planète, voyages très gourmands en ressources énergétiques alors que l'on peut passer de bonnes vacances en restant plus près de chez soi et en utilisant des moyens de transport moins polluant qui préservent notre dépense ?

– Réparer plutôt que jeter, ou acheter en brocante ou en occasion et pour presque rien des objets déjà construits… et les utiliser.

À quoi cela sert-il de faire venir de France, d'Europe, de Chine ou d'ailleurs des milliers de containers remplis de produits neufs dont nous n'avons pas besoin pour la plupart, gourmands en matières premières et dont le processus de fabrication est énergivore, alors que l'on pourrait trouver ces mêmes produits en occasion, les faire réparer, les réparer soi-même.

– Fabriquer soi-même les objets ou les vêtements dont nous avons besoin et dont nous avons la conviction qu'ils nous sont utiles dans un système vertueux d'autoproduction qui apporte de la satisfaction, de nouveaux apprentissages et un sentiment de plénitude.

Au-delà du fait que chercher une bonne occasion ou chiner en brocante soit une activité agréable que réparer ou fabriquer soi-même et voir le travail manuel se faire et se bien faire est très satisfaisant et nous apporte un sentiment de plénitude, cette manière de consommer préserve notre porte-monnaie, s'effectue sans utiliser de grandes quantités d'énergie, moins de transport, et entraîne un coût très limité pour la planète.

D'aucuns diront qu'une telle manière de faire suppose un retour en arrière pour vivre dans le passé mais c'est plutôt préparer ce qui sera notre futur puisque, plus nous avancerons en direction du futur, plus il faudra que nous conservions les choses longtemps, très longtemps, le plus longtemps possible en se garantissant qu'elles soient fabriquées dans des matériaux qui soient renouvelables, conditionnables et réutilisables avec des pièces détachées disponibles à long terme dans le but de préserver les ressources limitées de la planète. C'est aussi un bond en avant pour notre porte-monnaie qui se gonflera au fur et à mesure que nous veillerons de cette manière à notre dépense.

– Gagner sur sa dépense, c'est aussi inclure le coût de la dette que nous avons tous contractée envers la planète dans la gestion de notre dépense. La Terre nous fournit quantité de services gratuits dont nous n'avons souvent même pas conscience et la seule manière de la remercier individuellement est de prendre soin d'elle quotidiennement.

Dans quantité de domaines, nous pourrions nous interroger à propos de notre impact sur la planète, versus nos véritables besoins, tout en réalisant de solides économies en matière de chauffage, de consommation d'eau, de consommation d'électricité, de nourriture tout en étant attentifs à la manière dont elle est produite, de vêtement, d'accessoires de mode, d'abonnements aux différentes plateformes numériques, de consommation numérique et du temps perdu qui va avec, de cadeaux achetés à la va-vite et livrés sans délai quel qu'en soit le lieu de provenance, de consommation de produits ultra-transformés et ultra-emballés qui, pour des raisons de « pratique » et de prétendus gains de temps et d'argent, nous rendent frileux à l'idée d'acheter des légumes et de cuisiner un bon repas et, enfin, de notre solide addiction aux plastiques et aux emballages sous toutes leurs formes.

Autant de domaines où adapter notre consommation à nos véritables besoins sera bon pour notre porte-monnaie et où la conscience de bien faire pour la planète nous rendra plus heureux.

Que faire ?

Le premier pas

Le premier pas

Être raisonnable

Être raisonnable

Réduire ses dépenses est très simple : il suffit d'être raisonnable,

Améliorer sa santé est très simple : il suffit d'être raisonnable,

Avoir un impact significatif sur la santé de la planète est très simple : il suffit d'être raisonnable,

Changer le système est tout aussi simple : il suffit d'être raisonnable,

Écrouler le système est très simple : il suffit d'être raisonnable.

Les piétons, acteurs de l'économie, sont un désastre pour le capitalisme ; ils ont peu d'accidents, ils sont en bonne santé et ils n'achètent ni voiture ni énergie pour la propulser.

Ceux qui sont raisonnables et consomment selon leurs vrais besoins sont pires encore pour le système.

Il s'agit de faire un petit pas de côté et de tendre vers une optique un peu différente sur la consommation et hop, d'être raisonnable.

Ce ne sera ni miraculeux, ni totalement efficace, mais ce sera toujours ça de fait.

Certes, il n'est aujourd'hui pas raisonnable de penser que l'on va résoudre le problème de la pollution, du gaspillage et du pillage de la Terre dès demain uniquement en étant raisonnable individuellement.

Mais plus nous serons nombreux à le faire, plus nous irons de l'avant, plus notre pression sur le système sera visible.

On estime que, pour qu'une valeur sociale change, il suffit que 25 % d'un groupe donné soit acteur proactif envers ce changement et qu'en conséquence, le point de basculement soit atteint pour que le changement puisse advenir[49].

En matière de commerce, de profit et de consommation, et compte tenu des marges de plus en plus étroites d'un commerce mondial soumis à une concurrence sauvage, le point de basculement, qui contraindra le système à changer pour survivre, s'il le peut, se produira bien avant ce taux de 25 %.

La consommation raisonnable individuelle qui influera sur le marché, sur les vendeurs et sur les moyens de production d'une manière de plus en plus significative n'est donc pas inutile sur le long terme et fort utile sur le court terme en termes de dépense et de santé publique.

Le capitalisme, nous n'allons ni le détruire, ni le changer du jour au lendemain par notre seule consommation raisonnable mais nous pouvons commencer à l'influencer en l'alertant, en le chatouillant, et ceci, en consommant en fonction de nos vrais besoins.

Après, il changera radicalement tout seul ou il s'effondrera tout seul.

Devant la perspective de l'effondrement, il essaiera de changer et d'être raisonnable lui aussi.

En sera-t-il capable ?

Ce sera une question de survie pour lui… et pour nous.

Est-il fatigant d'être raisonnable ?

On pourrait penser qu'être raisonnable n'est pas drôle, mais dans le cadre de l'état de la planète et compte tenu de la consommation présente, inconséquente et destructrice, ne pas vouloir être raisonnable s'apparente à danser sur un volcan.

Ce qui n'est pas drôle non plus.

---

49 https://www.psychologytoday.com/nz/blog/how-behavior-spreads/201905/the-25-percent-tipping-point-social-change

Nous sommes dans un système qui n'est pas fait pour nous pousser à être raisonnable.

Il peut effectivement sembler fatigant de lutter contre ce système qui n'est surtout pas fait pour nous encourager à consommer selon nos vrais besoins.

Trouver fatigant de vouloir être parfait dans un monde qui ne veut pas l'être.

Il ne s'agit pas ici de lutter de cette manière contre le système ni et surtout de vouloir être parfait.

Il s'agit tout simplement d'être raisonnable au niveau qui est le nôtre et de progresser sur ce chemin en avançant à notre rythme en essayant tout de même de ne pas perdre trop de temps en chemin pour que les effets bénéfiques de notre action soient utiles pour la Terre et de plus en plus visibles pour nous.

Il n'est pas fatigant d'agir en ayant conscience d'effectuer des actions bonnes pour la planète et dommageables pour le système lorsqu'il est destructeur.

Et il n'est pas fatigant, mais plutôt apaisant, de prendre conscience que la possibilité de jouir de nos actions positives en ce qui concerne nos besoins n'est pas un rêve lointain, mais que nous bénéficions d'avantages immédiatement visibles, en ayant la satisfaction d'un travail utile et bien fait qui de surcroit nous convie à dépenser moins en étant raisonnable.

C'est être bienveillant avec soi-même.

Et maintenant

Et maintenant ?

« Déjà, dans la Genèse, Dieu a chargé l'homme de régner sur les animaux, mais on peut expliquer cela en disant qu'il n'a fait que lui *prêter* ce pouvoir. L'homme n'était pas le propriétaire mais seulement le gérant de la planète, et il aura un jour à rendre compte de sa gestion. »[50]

Et nous n'aurons pas nécessairement à rendre compte à un Dieu tout-puissant, mais plutôt à nous-mêmes, malheureusement un peu tard, si un jour Gaïa ne peut plus assurer des conditions de vie acceptables sur la Terre aux mauvais gestionnaires que nous aurions tous été.

D'un point de vue individuel, nous disposons de quantité d'excuses pour ne pas nous contenter de nos vrais besoins et ne pas réfléchir à notre mode de consommation :

Si je fais des efforts, quelle en sera l'utilité ?

Si l'État ne m'oblige pas à faire des efforts, pourquoi en ferais-je ?

Si l'État ne fait pas d'effort lui-même, pourquoi en ferais-je ?

Si les plus riches ne font pas d'efforts, pourquoi en ferais-je ?

Alors pourquoi ?

Parce qu'il faut bien commencer par un bout et que les petits ruisseaux font les grandes rivières ;

Parce que nous sommes les plus nombreux et que plus nous serons nombreux à consommer selon nos vrais besoins,

---

[50] Milan Kundera – L'insoutenable légèreté de l'être, folio 1987, p. 418.

plus le système sera impacté et sera susceptible de se poser des questions ;

Parce qu'il ne faut pas attendre de ceux qui profitent le plus du système qu'ils acceptent de sortir volontairement de leur zone de confort et le bougent tout seuls sans être soulevés, poussés et bousculés par d'autres forces ;

Parce que l'État et les plus riches pourraient se dire la même chose ;

L'État : « Si personne ne le souhaite, pourquoi devrais-je changer quoi que ce soit et risquer de perdre les prochaines élections ? »

Les riches : « Si l'évidente démesure de ma richesse ne dérange personne, pourquoi devrais-je changer quoi que ce soit, réduire ma manière de consommer et accepter de partager ? »

Et enfin, parce qu'avec un peu de pratique, consommer selon ses vrais besoins tout en améliorant sa santé et en préservant sa dépense rend plus heureux en ayant la pleine conscience de faire quelque chose d'utile et de juste.

Il ne s'agit pas ici d'effort mais d'un changement de modèle de pensée s'agissant de la façon dont chacun appréhende et construit son propre monde, et le monde commun.

C'est ce que tout un chacun souhaite pour elle, pour lui et pour tous.

Pour clore

Nous sommes comme l'enfant dans le magasin de bonbons, à cette différence près que nous n'avons pas d'adulte bienveillant avec nous, c'est-à-dire que nous sommes seuls décisionnaires.

Imaginons un enfant dans un magasin de bonbons, seul.

Que se passerait-il ?

Il ne serait certainement pas raisonnable.

Il se gaverait de bonbons, il se gaverait de sucre jusqu'à ce qu'il attente gravement à sa santé et à sa vie.

Nous sommes comme lui.

Nous sommes sur une planète pleine de bonbons, et c'est le buffet à volonté, nous nous gavons de pétrole, nous nous gavons d'essence, de pesticides, nous nous gavons d'engrais, de produits chimiques, de plastiques indestructibles, nous abîmons la Terre, nous creusons des mines, nous gaspillons l'eau, le pétrole, les matières premières, nous abusons des loisirs, nous effectuons des achats inutiles, et si nous ne rectifions pas le tir, si nous ne changeons pas de système, nous allons attenter à notre existence ou nous allons disparaître.

Le système pourrait jouer le rôle de l'adulte dans le magasin de bonbons mais force est de constater qu'il ne le fait pas, qu'il n'a pas la maturité nécessaire pour être raisonnable et qu'il se comporte comme un enfant.

Nous sommes à la fois l'enfant et l'adulte.

N'oublions pas que le système influence nos comportements d'achat et sait nous faire désirer des choses dont nous n'avons pas besoin.

Tout comme le GPS nous fait oublier la route à suivre même si nous la connaissons bien, l'intelligence artificielle, tout le système publicitaire et les gigantesques moyens d'influence à l'œuvre nous amènent à nous décerveler collectivement.

Mais le capitalisme tel que nous le connaissons n'a que faire de cette situation et il est parfaitement capable de tirer bénéfice d'une population décervelée, puisqu'un humain, même, et surtout, décervelé, est une proie facile et pain bénit tant qu'il demeure un consommateur perméable aux outils d'influence, du marketing et de la publicité et tant qu'il continue à acheter des produits dont il n'a pas besoin.

Alors, si nous n'avons pas encore le pouvoir de changer le système, il nous est possible d'infléchir sa trajectoire par nos actions individuelles.

Ce n'est pas parce que nos, réputées, petites actions ne sont pas quantifiées qu'elles ne comptent pas.

Même si nous avons l'impression que notre action individuelle ne se voit pas beaucoup, il faut continuer à ajouter notre pierre à l'édifice pour que le tas de ces petites pierres finisse par se voir de loin, attire l'attention ou l'adhésion d'autres personnes et puisse, à la manière du colibri dans la forêt en feu, soit déciller les décideurs, soit les faire renoncer pour qu'ils laissent la place à des personnes plus talentueuses.

La nouvelle génération consciente et engagée est porteuse d'espoir. Elle n'est pas encore totalement prise au sérieux, parce qu'il est bien utile pour le système de l'ignorer compte tenu des gigantesques intérêts financiers en jeu, mais les choses avancent et avanceront encore s'agissant de la détermination dont elle fait preuve.

La prise de conscience de cette génération est impressionnante et elle ne peut que grandir. Elle prendra les choses en main pour qu'elles changent.

Ce que le système capitaliste ne peut pas faire, il n'y a pas de raison que l'humanité ne puisse le faire.

Gageons que bientôt, on ne pourra plus envisager un projet sans y inclure, en préambule, une réelle analyse de sa véritable utilité – En avons-nous besoin ? – et de son impact sur la planète en évitant les pièges de l'écoblanchiment.

Le système présent nous pousse à uniformiser nos besoins et nos esprits dans le sens qui lui est le plus profitable.

Pourtant, comme disait le poète[51] :

« C'est un grand agrément que la diversité :
Nous sommes bien comme nous sommes.
Donnez le même esprit aux hommes,
Vous ôtez tout le sel de la société.
L'ennui naquit un jour de l'uniformité. »

L'ennui naquit un jour de l'uniformité.

Heureusement, nous pouvons réagir en étant raisonnables, conscients que la sobriété positive n'est qu'un début, en prêtant une grande attention à l'utilité de nos achats, en consommant dans cette confortable limite, et en nous contentant de nos vrais besoins.

[51] Antoine Houdar de La Motte (17 janvier 1672-26 décembre 1731).

Table des matières

Revue « Marché et Organisations »

Promouvoir la recherche originale sur les relations de plus en plus étroites entre le marché et les organisations. Les acteurs économiques de taille, de puissance et de pouvoir différents dont les intérêts peuvent être convergents, complémentaires ou, le plus souvent, antagoniques, ont tendance à organiser les marchés. La raison du marché, pourtant, est la référence stratégique pour l'entreprise ainsi que pour les institutions publiques de décision économique.

N°6 : Entrepreneuriat et accompagnement. Outils, actions et paradigmes nouveaux, 2008
N°7 : Développement durable des territoires. Economie sociale, environnement et innovations, 2008
N°8 : Développement durable et responsabilité sociale des acteurs, 2009
N°9 : Gouvernance : exercices de pouvoir, 2009
N°10 : Le travail collaboratif. Une innovation générique, 2009
N°11 : Economie sociale et solidaire. Nouvelles trajectoires d'innovations, 2010
N°12 : Relations à la marque et marques de la relation. Regards croisés sur le management relationnel de la marque, 2010
N°13 : Les contrats au service de la recherche ?, 2011
N°14 : Le potentiel économique de l'Afrique subsaharienne, 2011
N°15 : Management de la distribution, 2012
N°16 : Territoire Vert. Entreprises, Institutions, Innovations, 2012
N°17 : Eco-conception, conception et innovation. Les nouveaux défis de l'entreprise, 2013
N°18 : Intelligence économique : entreprises et territoires, 2013
N°19 : La finance globale. Un monde fini, 2013
N°20 : La crise du « développement », 2014
N°21 : La Chine innove. Politiques publiques et stratégies d'entreprise, 2014
N°22 : Go East! Nouvelles Economies de Marché, 2015
N°23 : L'économie du changement, 2015
N°24 : Le temps des artisans. Permanences et mutations, 2015
N°25 : Innovations de proximité et esprit d'entreprise, 2016
N°26 : L'avenir des économies du Maghreb : entre inertie structurelle et envie de rupture, 2016/3 (n° 27)
N°27 : Le sport aux frontières du marché du travail, 2016
N°28 : Dynamiques internationales des entreprises, 2017
N°29 : L'univers du risque, 2017
N°30 : Les petites entreprises dans l'histoire industrielle, 2017
N°31 : Economie sociale et *social business* ? Au défi d'entreprendre et se financer, 2018
N°32 : Éducation et fertilisation des économies africaines, 2018
N°33 : L'entrepreneuriat innovant dans les pays du Maghreb, 2018
N°34 : L'entrepreneuriat scientifique : institutions et innovation, 2019
N°35 : Le champ économique de la culture, 2019
N°36 : Economie sociale et solidaire ? Modèles d'innovation et modes de gouvernance, 2019
N°37 : Rethinking Luxury Business, 2020
N°38 : La santé connectée. Nouvelles technologies et réorganisation des soins, 2020
N°39 : Options stratégiques et systèmes complexes d'innovation, 2020
N°40 : Les services : intégration des systèmes productifs et lien social, 2021
N°41 : Crise pandémique, crise globale. Réalité et controverses théoriques, 2021
N°42 : La crise de la covid-19. Le marché et les organisations en perspective, 2021
N°43 : (Re)faire système. *Bug & reset*, 2022
N°44 : Aléas du marché et management du risque, 2022
N°45 : Le renouveau du transport et de la logistique : les systèmes d'information, 2022
N°46 : Entrepreneuriat et innovation dans l'enseignement supérieur, 2023
N°47 : Le tourisme créatif. Culture, créativité, patrimoine, management, 2023
N°48 : L'Afrique : questions de performances, 2023
N°49 : *Fintech* en sciences du management, 2024

https://www.cairn.info/revue-marche-et-organisations.htm

Collection « L'esprit économique »

fondée par Sophie Boutillier et Dimitri Uzunidis en 1996

Dernières parutions

► ***Série Economie et Innovation***
J.-P. SCHMITT, N. RAVIDAT, *Management conjoint de la technologie et de la personne. Pour performer et croitre*, 2020.
Y. EL YAHYAOUI, *Economie des plateformes numériques. Captation de la valeur, pouvoir de marché et communs collaboratifs*, 2021.
G. DUTHIL, *Handicap et insertion professionnelle*, 2022.
T. MICHAUD, *La science-fiction institutionnelle*, 2023.
► ***Série Le Monde en Questions***
C. SARI, *Valeur relative de la monnaie et taux de change. Vers la fin de l'étalon dollar ?*, 2023.
G. DUTHIL, N. POLINI, *La Défense nationale*, 2023.
A. DAGHER, *La crise financière du Liban : taux de change, FMI, politique monétaire*, 2023.
G. BAYOH, *Ecosystème des transferts internationaux d'argent et développement durable : Contraintes et solutions*, 2024.
S. BENBACHIR, *Performances bancaires des pays du Moyen-Orient et de l'Afrique du nord. Modélisation de l'efficience et de la productivité des banques*, 2024.
O. MUMBERE MUHONGYA, *Efficacité de l'aide publique au développement. Question de la qualité des données*, 2024.
M. CAMARA, *Être ministre de l'Économie et des Finances de la République de Guinée*, 2024.
R. A. OBAM NLONG, *Du franc CFA à l'Afrix : la nécessaire refonte du Fonds Monétaire Africain*, 2024.
► ***Série Krisis***
M. WIELEZYNSKI, *La loi du marché post-esclavagiste. Une approche critique*, 2023.
G. MINART, *Condorcet économiste : un libéralisme économique au service du bien public*, 2023.
A. MANRAY, *Petit traité de gouvernance à l'usage des despotes éclairés*, 2024.
B. LANDAIS, *Théorie générale de la croissance économique et du développement*, 2024.
V. SOYER, *Critique de la théorie contemporaine de la valeur*, 2024.
► ***Série Clichés***
S. BOUTILLIER, D. UZUNIDIS (dir.), *La Russie européenne. Du passé composé au futur antérieur*, 2008.
R. VOLPI, *La négociation. Pain, paix, liberté*, 2009.
B. S. BONBON, *Géométrie parabolique tridimensionnelle ou perspective parabolique*, 2023.
S. BOUTILLIER, B. LAPERCHE, S. T. K. LE, *Ports industriels en transition : De l'économie circulaire à la décarbonation*, 2024.
► ***Série Cours Principaux***
M. EL KARRIM, *Introduction à l'économétrie appliquée*, 2022.
Z. FIRANO, *Fondements de la finance de marché. Théories et applications*, 2022.
Y. KEHO, *Introduction à l'économétrie appliquée sous EVIEWS, Rappels de cours et illustrations pratiques*, 2023.
K. AMZILE, *Intelligence artificielle et modélisation du risque de crédit*, 2023.
B. LANDAIS, *Macroéconomie. Les fondamentaux*, 2024.
A. KATFI, O. EL MNOUER (dir.), *Mathématiques financières. Cours d'initiation et exercices corrigés*, 2024.
J. NGONGO NGOY, *Manuel d'analyse financière*, 2024.
► ***Série L'économie formelle***
M. FOUQUIN, *Dettes publiques à long terme et souveraineté nationale : enseignements des crises du XIIe au XXIe siècle*, 2023.
J.-P. ROSELLO, *Marchés financiers, capital financier et crises systémiques*, 2024.
J.-L. VILLOUTREIX, *L'eau coule à Aguad : un conte économique*, 2024.
B. MEUNIER, *L'insoutenable dette publique de la France*, 2024.
J. LATREILLE, *Le PIB, ou la mesure de notre démesure*, 2024.
C. MEIDINGER, *Controverses macroéconomiques contemporaines*, 2024.

Structures éditoriales du groupe L'Harmattan

L'Harmattan Italie
Via degli Artisti, 15
10124 Torino
harmattan.italia@gmail.com

L'Harmattan Hongrie
Kossuth l. u. 14-16.
1053 Budapest
harmattan@harmattan.hu

L'Harmattan Sénégal
10 VDN SICAP AMITIE 3
BP 45034 Dakar-Fann
direction@senharmattan.com

L'Harmattan Cameroun
Tsinga/Derrière polyclinique FECAFOOT
BP 11486 Yaoundé
Jacques.koukam@harmattan.fr

L'Harmattan Burkina Faso
Villa 281, secteur 23 623, rue 14.32
Ouagadougou
zagbie@outlook.fr

L'Harmattan Guinée
Almamya, rue KA 028 OKB Agency
BP 3470 Conakry
harmattanguinee@yahoo.fr

L'Harmattan RDC
185, avenue Nyangwe
Commune de Lingwala – Kinshasa
matangilamusadila@yahoo.fr

L'Harmattan Congo
219, avenue Nelson Mandela
BP 2874 Brazzaville
deunovmikhael@gmail.com

L'Harmattan Mali
Immeuble Mgr Jean Marie Cissé
Aci Hamadallaye
BP 145 Bamako
syllaka@yahoo.fr

L'Harmattan Togo
Djidjole – Maison Amela
face EPP BATOME
02 BP 20680 Lomé
didieramela11@gmail.com

L'Harmattan Côte d'Ivoire
Résidence Karl – Cité des Arts
Abidjan-Cocody
03 BP 1588 Abidjan
harmattan.ivoire@gmail.com

L'Harmattan Bénin
Rue 604, (Immeuble à l'entrée
de la rue UCAO- Cite de Saint-Jean)
Cotonou
stepcorpus@gmail.com

Nos librairies en France

Librairie internationale
16, rue des Écoles
75005 Paris
librairie.internationale@harmattan.fr
01 40 46 79 11
www.librairieharmattan.com

Librairie des savoirs
21, rue des Écoles
75005 Paris
librairie.sh@harmattan.fr
01 46 34 13 71
www.librairieharmattansh.com

www.ingramcontent.com/pod-product-compliance
Lightning Source LLC
LaVergne TN
LVHW051409061026
849535LV00009B/3438
* 9 7 8 2 3 3 6 5 3 8 9 8 3 *